手にとるように発達心理学がわかる本

目白大学教授
小野寺敦子
Onodera Atsuko

かんき出版

はじめに

今、この本を手にとってくださっているあなたは、どのようなきっかけで、読んでみようと思われたのでしょうか。

「保育の勉強中で、幼児の成長について知りたい」

「テレビや雑誌に出てくる発達障害というものを知りたい」

「自分自身が親からどんな影響を受けているのか、もっと知りたい」

「中年期になってこれからの人生をどう生きていけばいいか迷っている」

…など、その理由はさまざまだと思います。本書はそうした私たちの身近にある問題を発達心理学の視点から解説したものです。


発達心理学という用語が登場したのは、それほど昔のことではありません。以前は児童心理学という領域で子どもの心理だけがとりあげられてきましたが、人生が80年以上にわたる長寿社会を迎えた今、ヒトの発達は胎児期から高齢期まで、広い視野に立って考えていく時代といえます。

発達心理学は決して難しい学問でも理論でもありません。日々の家庭生活や学校生活、そして社会生活を充実して過ごしていくためのヒントを私たちに教えてくれる、とても身近な知識の宝庫です。人生で多くの難問に直面するたび、筆者自身も大いに助けられてきました。

たとえば、二人の子どもの子育てにあたって、トーマス・チェスの気質研究、ボウルビィの愛着研究、そしてピアジェの自己中心性やアニミズムの理論などを知っていたおかげで、子どもと上手に関わることができたように思います。

このように、本書でとりあげた数多くのテーマは、筆者自身が日々の生活のなかで「なぜなんだろう？」と疑問に感じていたことを、発達心理学という切り口でわかりやすく解説したものばかりです。

執筆にあたっては、専門的な用語で説明するのではなく、できるだけ平易な表現を使い、身のまわりにある事例を交えて説明しようと心がけました。また随所に簡単なチェックテストを入れて、ご自分のことを理解する一助としていただけるようにしました。まさに本書のタイトルである「手にとるように発達心理学がわかる本」を心がけて執筆したつもりです。

人間の発達全般について学びたい方は、最初から読み進んでいただければ結構ですし、関心のあるテーマについて知りたい方はそのトピックを選んで読めるように、各テーマを読みきりの形にしました。

渋谷昌三先生との共著『手にとるように心理学がわかる本』（小社刊）は、多くの読者の方々から「読みやすい」、「わかりやすい」といった感想をいただき、現在もなお版を重ねています。本書はその趣旨にそって発達心理学に関する内容をさらに広げ、執筆したものです。

本書を通じて私たち人間の発達について少しでも理解を深めていただき、あなたの生活を楽しく豊かにするヒントとしていただければ幸いです。

２００９年７月

小野寺　敦子

＊第17刷重版にあたり、２０１９年時点の情報に修正しました。

カバーデザイン●重原隆
イラスト●秋田綾子
本文デザイン●石山沙蘭

手にとるように発達心理学がわかる本

●もくじ●

はじめに　3

Part 1 発達の基礎理論

【発達心理学のはじまり】
発達心理学はこうして生まれた　24
●発達心理学という名称の誕生
☆発達心理学の年表

【発達心理学の研究者】
発達心理学の先駆者たち　28
●17世紀までの子ども観
●先駆者その1　ルソー
　子どもは大人の小型ではない
●先駆者その2　フレーベル
　世界ではじめての幼稚園を創設
●先駆者その3　プライヤー
　伝記的—日誌的方法を実践
☆恩物
●先駆者その4　ホール
　発達心理学の基礎を築き質問紙法を考案

【生涯発達】
人は生涯にわたって発達し続ける　34
●新しい発達観～生涯発達という考え方～
●発達の8つの段階区分

【遺伝と環境】
遺伝と環境、どちらが人の発達に大きな影響を与えているのだろう？　36
●遺伝説のほうが先に生まれた
●人の一生は生まれる前から決まっている？
●ゲゼルによる双生児の実験～成熟優位説～
●発達は環境で決まる～環境説（学術説）～
●遺伝も環境も大切～相互作用説～

【発達段階説】
フロイトの性の発達段階説 42
●本能や無意識について研究を深めたフロイト
●フロイトの性の発達段階説
●「エス」「自我」「超自我」
☆エディプス・コンプレックス
【心理社会的発達理論】
エリクソンの発達理論 46
●人生を8つに分けた「心理社会的発達理論」
【発達課題】
ハヴィガーストの発達課題 48
●ハヴィガーストの発達課題の特徴
【精神分析学】
精神分析学の立場から子ども理解を深める 50
●クライン、マーラー、ウィニコットの発達理論
【研究方法】
発達心理学における研究方法 54
●さまざまな発達の研究方法
コラム 文化によって子ども観は違う
～日本は性善説・西洋は性悪説～

Part 2 胎児期～乳児期の発達

【胎児の発達】
お腹のなかで赤ちゃんはどのように成長していくのだろう？ 60
●お腹のなかでも赤ちゃんは活動している
☆生理的早産

●運動機能の発達
●視覚機能の発達
●聴覚機能の発達
☆「戌《いぬ》の日」を知っていますか？

【身体発達の原理】
身体発達の8つの基本原理　64
●発達は一定の原理にしたがって進む
☆スキャモンの発達曲線のタイプ

【新生児の発達】
生まれたての赤ちゃんのパワー　66
●出生児の平均体重と身長
●赤ちゃんの聴力
●赤ちゃんにはどれだけ見えている？
●視覚的断崖（ビジュアル・クリフ）

【運動機能】
赤ちゃんの運動能力はどう発達する？　68
●急激な身体の発達

【脳の発達】
赤ちゃんの脳はどう成長する？　70
●出生時から140億個の神経細胞がある
●シナプスの回路の発達が脳の発達を支えている

【原始反射】
原始反射は生きていくために備わっている力　72
●反射は無意識に身を守ろうとする動き
●脳が発達すると、原始反射から自発運動に変わる

【気質】
赤ちゃんにもさまざまな個性がある　74
●赤ちゃんの個性には3つのタイプがある

【乳児の特徴】
赤ちゃんにはかわいく見える法則がある　76
●子どもの顔の特徴は？
●守ってあげたくなる特徴「ベビーシェマ」

【感情の発達】
赤ちゃんの感情は
どのように発達するのだろう？　78
●感情はどのように発達していくのか
●ルイスの感情発達理論
●2歳前から照れや共感、羨望の気持ちが芽生える

【言語】
言葉はどのように身につける？　82
●泣き方にもいろいろある～言葉への準備段階～
●喃語《なんご》には世界中の言葉エッセンスが詰まっている
☆幼児音の主なもの
●身体の動きによって喃語も変わる
●赤ちゃんはおしゃべりしたがっている

【愛着】
親子の絆の確立～アタッチメント～　86
●二次的動因説
●インプリンティング（刻印付け）
●接触の快
●ボウルビィの愛着理論
●内的ワーキングモデル

【愛着のタイプ】
愛着の質にもタイプがある　90
●愛着の質を測るストレンジ・シチュエーション法
●実験場面（8つの場面より構成されている）

コラム　お酒やタバコが胎児に与える影響

Part3 幼児期の発達

【手足の発達】
子どもの手足はどう発達する？ 96
●手の動きはどのように発達するのだろう？
☆利き手はどうやって決まる？
●足の動きはどのように発達するのだろう？
☆土踏まずが未形成の子ども

【移行対象】
毛布やぬいぐるみがないと寝つけない子どもがいるのはなぜ？ 100
●お気に入りのもの・癖
☆移行対象は子どもの成長の証!?
●自分以外のものへ関心が移る「移行現象」

【自己理解の発達】
子どもはいつ自分を認識しはじめるのだろう？ 102
●1歳すぎから自分を認識しはじめる
●自分の認識は他者との関わりで身につく
☆「いや！」「だめ！」は子どもが成長している証拠
●自尊感情の発達
●自己主張・自己抑制の発達
テスト　子どもへの養育態度チェックテスト

【思考の発達】
子どもの思考能力はどう発達するの？ 106
●ピアジェによる思考の発達段階理論

【ワトソン】
恐怖心はどうやって生まれるのだろう？ 108
●ワトソンによるアルバート坊やの恐怖条件づけ実験

【心の理論】
子どもはいつごろから相手の気持ちがわかるようになる？ 110
●「自分・もの」から「自分・人・もの」へ
●2歳ごろから頭でイメージする力が芽生える
●心の理論～4歳ごろから「誤信念」をもつ～

【内言・外言】
子どもはなぜ「ひとりごと」を言うのだろう？ 114
●ひとりごとは7つに分類される
●内言・外言
●ピアジェとヴィゴツキーの論争

【遊び】
子どもの遊びと発達 116
●遊びが子どもを伸ばす
●ピアジェとパーテンの遊びの分類
●ごっこ遊びで「心の理論」を学ぶ
●遊びに物語性が出てくる2歳半～3歳の時期
☆おもちゃを通して創造性や社会性を身につける

【絵の発達】
子どもの描く絵はどう変わっていくの？ 120
●最初に描く母親の顔～頭足人間～
●太陽や花に目や鼻をつけているのはなぜ？
●4歳は子どもの絵の黄金期

【友人関係】
友人はどうやってつくるのだろう？ 122
●友人関係から社会性を身につける
●2歳からは友達との「隣り合わせ」を好む
●けんかはどう解決する？
●けんかを通して人間関係が磨かれる

コラム　テレビアニメとジェンダー

Part4 児童期の発達

【児童期とは?】
児童期とはどのような時期か? 130
●仲間と強い関わりをもつ「ギャング・エイジ」
●9歳の壁
●身長・体重の著しい増加

【きょうだい】
きょうだいが子どもの性格形成におよぼす影響 132
●きょうだいはナナメの関係
●二人きょうだいにみられる特徴
●中間子にみられる特徴
●ひとりっ子にみられる特徴
●ふたごにみられる特徴
☆ひとりっ子の母親は
●母親語（マザーリーズ）を使わない!?

【道徳性の発達】
道徳性はどのように発達する? 136
●道徳性の発達理論は3つある
●コールバーグの道徳性発達理論
●最高段階の道徳観念をもっているのは全人口の20%
●コールバーグへの批判～ギリガンの見解～
●ヤマアラシとモグラの家族

【社会的学習理論】
子どもは大人の模倣をする 142
●バンデューラの社会的学習理論

【知能】
知能とはどのようなもの? 144
●知能の測定方法に関する研究の流れ
●知能検査

●知能が高い＝勉強ができることではない

【学習のメカニズム】

人はどう学習する？ 150

●学習には法則がある

●古典的条件づけ

●オペラント条件づけ

【達成動機】

子どものやる気を育てるには？ 152

●「やる気」は心理学では「達成動機」という

●内発的動機づけが育つと子どもは伸びる

●失敗が続くと無気力になってしまうことも

☆ピグマリオン効果

●エゴ・レジリエンス

【いじめ】

いじめはなぜ起こるのだろう？ 156

●いじめの現状

●いじめのメカニズム

●いじめっ子・いじめられやすい子の特徴とは？

【不登校】

不登校になってしまうのはなぜ？ 160

●不登校児の急増

●不登校児の支援方法

☆スクールカウンセラーの役割

コラム　子どもの体力・運動能力の低下

Part5 青年期の発達

【青年期とは?】
青年期はいつはじまり、いつ終わるのだろう? 166
●12〜23歳までのおよそ10年間が青年期
●青年は「境界人」
☆思春期と青年期はどこが違う?

【アイデンティティの模索】
自分はどんな人間なのだろう? 168
●自分探しの時期〜アイデンティティの確立〜
☆急激な身体の発達と成熟〜第二次性徴〜
テスト あなたは「アイデンティティ」を確立できていますか?
●アイデンティティ研究の発展

【時間的展望】
若者は自分の将来をどのように考えるのだろう? 172
●「時間的展望」は、青年期の重要な発達課題
●あなたにとっての未来とは?

【性役割観】
「男らしさ」「女らしさ」はどのようにつくられていくのだろう? 174
●青年期に自分の性役割を意識するようになる
●アンドロジニー(両性具有性)とは?

【親子関係】
青年期に親子関係はどう変化するのだろう? 176
●親への反抗は自立への第一歩
●心理的離乳
●親は遠くから温かく見守ろう

【父と娘の関係】
父親が娘の発達に与える影響 178
●父親は娘にとってもっとも身近な異性
●両親の仲のよさは娘の価値観に影響する
☆娘がどのような人生を選択するかは父親次第!?
テストⅠ「娘からみた魅力的な父親」チェックテスト
テストⅡ 娘のハッピー度は父親で決まる?

【友人関係】
青年期の友人関係の特徴 182
●友人をもつことの意味
●今どきの友情とは?
テスト あなたは友人を気づかうタイプ?

【恋心】
恋心とはどんなもの? 184
●「好き」と「愛している」の違い
●リーによる愛のタイプ分類
テスト あなたの恋心チェック
☆恋する二人の心理

【青年意識の国民性】
日本とアメリカの青年意識はどう違う? 186
●日本の青年は独立意識が低く、親との関係が希薄
テスト あなたの独立意識 チェックテスト
コラム「私って太っている?」痩せたい願望に潜む心理

Part6 成人期の発達

【中年期のアイデンティティ】
中年期は人生の正午に位置する　192
●中年期は人生の正午～ユング～
☆大人になっても自分探し
～成人期のアイデンティティ再構築～

【生活構造の変化】
成人期には生活構造が変化する　194
●レヴィンソンは人生を４つの季節にたとえた
☆女性の生活構造は男性より複雑

【結婚】
未婚化・晩婚化が進んでいる　196
●未婚化の原因はどこにある？
☆現代女性が理想とする結婚相手とは!?

【育児】
親になると人はどう変わる？　198
●子どもをもつことで親としての意識が生まれる
●歳を重ねるにつれ
「柔軟性」「自己抑制」が強くなる

【子どもへの虐待】
なぜ子どもを
虐待してしまうのだろう？　200
●虐待する親の増加
●虐待の定義
●母親自身のストレスが原因となることが多い

【夫婦の関係】
子どもがいると
夫婦関係はどう変化するのだろう？　202
●妻はイライラ、夫は我慢
テスト　あなたと配偶者の関係性はどんなもの？

【更年期】
更年期にみられる心と身体の変化　206
●更年期にみられる症状と原因
●更年期を乗り切る秘訣はクヨクヨしないこと

【喪失】
人は「喪失」とどのように付き合っていく？　208
●ヘックハウゼンの生涯コントロール理論
☆ジェネラティヴィティ（世代性）

コラム　ドメスティックバイオレンス（DV）

Part7 高齢期の発達

【高齢期のはじまり】
人は何歳から「高齢者」とよばれるのだろう？ 214
●高齢者は65歳以上の人をさす
●2055年には女性の平均寿命は90歳に!?
☆高齢者のひとり暮らしが増えている

【成長・発達】
高齢者も成長・発達するの？ 216
●未経験の状況に対応する力は衰えていく
☆日本の高齢者は元気！
●経験を経て体得した知能は、歳を経ても低下しない

【記憶力の低下】
加齢による記憶の変化 218
●記憶の長さには3つの種類がある
テスト 改訂長谷川式簡易知能評価スケールの例（HDS－R）

【病気】
認知症はどんな病気？ 220
●認知症
●アルツハイマー病
●脳血管性認知症

【死の受容・生きがい】
人は「死」をどのように受け容れていくのだろう？ 222
●キューブラー・ロスモデルの「死の受容のプロセス」
●エリクソンの「最後の発達課題」
●サクセスフル・エイジングとは？

●高齢者の生きがい感尺度

コラム　EQ

付録　発達のつまずき

発達障害とはなんだろう？ 13

●発達障害とは、性格やしつけが原因ではない

●自閉スペクトラム症

☆アスペルガー症候群の歴史

●AD／HD（注意欠陥／多動性障害）

●限局性学習障害（SLD）

その他の気になる子どもたち 23

●知的障害（精神遅滞）

●言葉の遅れ

●緘黙《かんもく》（mutism）

●チック障害

☆発達障害のパターン

索引

発達の基礎理論

本章では、発達心理学の歴史や、代表的な研究者、
発達の基本となる理論を中心にみていきましょう。

発達心理学のはじまり

発達心理学はこうして生まれた

発達心理学という名称の誕生

「**発達心理学**」という言葉が使われるようになったのは1950年代ぐらいからのことですから、それほど昔のことではありません。それまでは、一般的に**児童心理学**（Child Psychology）という名称が使われていました。

なぜ児童心理学から発達心理学へと名称が変化してきたのでしょうか。それは、かつて人の寿命が50歳程度だったころは、生まれてから20年間ぐらいの間の成長過程を明らかにすれば十分だと考えられてきたからです。

ところが第二次世界大戦後の1950年代に入ると、世界情勢も安定し、寿命も著しく延びていきました。すると研究者の関心は、乳児から高齢者に至るまでの人の一生を段階別に概観して、各段階の特徴を明らかにすることへと広がっていきました。

たとえば**ピアジェ**の認知の発達段階理論や、**エリクソン**の心理社会的発達理論が、発達心理学という用語を定着させる原動力になっていったわけです。

そうした流れを受けて、アメリカ心理学会では、1950年代にその部会の名称を「児童心理学」から「発達心理学」へと改称し、心理学年評（Annual Review of Psychology）は、1957年版から章の名前を「発達心理学」に改めています。

さて、本章では、現在の発達についての諸論が、どのような人々の影響を受けて成立してきたかを、みていきたいと思います。

左の表は、発達心理学の発展に貢献した研究を年譜にしてまとめたものです。子どもの研究がどのような変遷をたどっていったのかを知るための一助にしてください。

発達心理学の年表

年号	人物	出来事
1628	コメニウス（チェコ）	世界で最初の挿絵入り読み物『世界図絵』を出版。『幼児の学校』を出版
1690	ロック（英）	『人間悟性論』で「白紙説」（タブラ・ラサ説）を提唱
1762	ルソー（仏）	『エミール』を出版。自然主義教育を提唱
1787	ティーデマン（独）	自分の子どもの発達記録を『子どもの精神能力の発達の観察』として出版
1840	フレーベル（独）	世界ではじめての幼稚園を設立
1869	ゴルトン（英）	『遺伝的天才…その法則と結果の探究』を出版
1877	ダーウィン（英）	わが子の観察記録『一乳児の伝記的素描』を出版
1879	ヴント（独）	世界で最初の心理学実験室を設立
1882	プライヤー（独）	世界で最初の乳幼児心理学の書『子どもの精神』を出版
1883	ホール（米）	児童心理学の父といわれる。『児童の心の内容』を出版 1904年には『青年期』を出版

１８８８	元良勇次郎（日）	帝国大学（現：東京大学）にて精神物理学講義を開講
１８９６	サリー（英）	イギリス児童学会を設立
１９００	フロイト（墺）	精神分析の父といわれる。『夢判断』を発表 性に関する３つの論文を発表
１９０５	ビネー（仏）	シモンとともにはじめて「知能テスト」を考案
１９１１	ゲゼル（米）	エール大学に児童発達研究所を設立 １９３４年『乳児行動アトラス』を出版。乳幼児の発達診断尺度を作成
１９２０	ワトソン（米）	乳児に対する恐れの条件づけ実験を発表
１９２３	クライン（英）	『幼児分析』を発表。１９３２年に『子どもの精神分析』を発表
	ピアジェ（スイス）	『児童における言語と思考』を発表。自己中心性について説く １９３６年『子どもの知能の発達』を出版
１９３４	ヴィゴツキー（露）	『思考と言語』を出版。ピアジェの自己中心性について批判
１９３６	アンナ・フロイト（墺）	フロイトの娘。『自我と防衛機制』を発表

1950	エリクソン(独)	1939年に米国国籍を取得。心理社会的理論の提唱。『幼児期と社会』を出版
1956	ブルーナー(米)	『思考の研究』を出版
1957	シアーズ(米)	『育児の型』を出版
1963	コールバーグ(米)	道徳性の発達段階（3水準6段階説）を提唱
1965	ウィニコット(英)	『情緒発達の精神分析理論』を発表
1969	ボウルビィ(英)	子どもの愛着理論を提唱。『愛着と喪失』を出版
1977	バンデューラ(米)	社会的学習理論を提唱
1978	バルテス(独)	生涯発達心理学を提唱
1978	エインズワース(米)	ストレンジ・シチュエーション法を開発
1989		日本発達心理学会が発足
1990	ウェルマン(米)	心の理論について提唱

発達心理学の研究者

発達心理学の先駆者たち

17世紀までの子ども観

学問としての発達心理学が誕生する以前、子どもに対する見方は、ヨーロッパにおいて、どのようなものだったのでしょうか。

アリエスは『子供の誕生~アンシァン・レジーム期の子どもと家族生活』(みすず書房)という著書のなかで、中世から近世にかけての西欧社会では、子どもは大人とは異なる独自の存在として扱われていなかったと述べています。さらに彼はヨーロッパ絵画に描かれた子ども像を分析し、17世紀にいたるまでの時期は、子ども期という考え方が存在していなかったことについて、次のように記述しています。

＊

「ほぼ17世紀までの中世芸術では子どもは認められておらず、子どもを描くことが認められたこともなかった。・・・(中略)・・・子どもの姿は見られず背丈の低い大人として描かれているだけであった」

＊

同書では当時の絵画、日記、手紙などを手がかりにして、子どもの服装・遊び・学校生活・家族などの変遷をたどり、中世ヨーロッパでの子どもたちの実像を示しています。

これらの分析から、当時のヨーロッパにおける子どもの死亡率が非常に高かったことが影響して、大人たちの子どもへの関心は低く、子どもは大人のミニチュア(小さな大人)としてしか扱われていなかったことがわかります。

子どもは「子ども」として認められていなかった

中世から近世にかけてのヨーロッパでは、
子どもは独自の存在として扱われておらず、
「背丈の低い大人」として描かれているだけだった

先駆者その1　ルソー
子どもは大人の小型ではない

中世の子どもの見方に異議を唱えた**ルソー**は、「子どもは大人の小型（ミニチュア）ではなく独自の存在である」と唱えました。彼は著書『エミール』で、子どもは生来、よい心をもった「善」の存在であるととらえ次のように述べています。

「万物をつくるものの手を離れるときすべてはよいものであるが、人間の手にうつるとすべてが悪くなる。・・・（中略）・・・なにひとつ自然がつくったままにはしておかない。人間そのものさえそうだ。人間も乗馬のように調教しなければならない。庭木みたいにすきなようにねじまげなければならない」

つまりルソーの思想の中心には、人間の本質は善であるという見方があり、ルソーはその本質を伸ばしていくことが教育であると考えたのです。

このルソーの思想は、「人間の原点は悪である」としてきた西洋の**性悪説**とは対立する人間観であり、現代教育思想の出発点となりました。

先駆者その2　フレーベル
世界ではじめての幼稚園を創設

幼稚園教育の創始者といわれる**フレーベル**は、ドイツのオーベンワイスバッハで生まれています。彼は、ペスタロッチの初等教育のやり方を小さい子どもたちの教育にあてはめて、幼児の心のなかにある神性をどのようにすれば伸ばしていけるかということに関心を抱いていました。

そして1837年、バド・ブランケンブルグに直観教授学園を創設。1839年には「幼児教育指導者養成所」を設置し、幼児を集めて「遊戯、作業学園」を開設しました。この学園が、その翌年の1840年に「一般ドイツ幼稚園」となり、世界ではじめての幼稚園がはじまったのです。

フレーベルも、ルソーと同じように「子どもの本性は神的なものであり、善である」ととらえており、「幼児教育の任務は、その幼児の本性をゆがめず、すなおに発展させていくことだ」と提唱しています。

庭師は植物に水や肥料をやり、日照や温度に配慮し、剪定《せんてい》をしますが、教育者も子どもの本質に合わせて、その発達をうながすように働きかけなければならないという発想から、彼は子どもの成長を植物の生長になぞらえて、この学園をKindergarten──**幼稚園**（子どもたちの庭）と名づけています。

またフレーベルは、幼稚園の教育内容は遊びや作業を中心にすべきものと考えて、遊具（**恩物**《おんぶつ》）を考案し、花壇や菜園や果樹園のある庭を幼稚園にかならず設置すべきであると主張しました。このように、彼の保育方法は、**遊び**（Spiel）が中心でした。遊びは幼児が自己の内面を自由に表現したものであり、すべての善なるものの源泉であると考えたのです。

先駆者その3　プライヤー
伝記的―日誌的方法を実践

ヨーロッパでは、子どもの発達を体系的に明らかにしたいという目的から、自らの子どもの詳しい観察記録をとり、それを公表した人たちが出現していきました。

古いところでは1787年に**ティーデマン**が『子

恩物《おんぶつ》（Gabe）

幼稚園の創始者フレーベルが 1830 年代に考案して製作した一連の教育的遊具は「恩物」とよばれています。ドイツ語のガーベ（Gabe）の訳語で、「神から授けられたもの」という意味です。

彼の独自な宗教的世界観と、子どもの自己活動的な遊びを重視する教育思想とが深く結びついています。恩物は 20 のシリーズからなり、幾何学的な基本形から具象的なものにまで及んでいます。日本にも 1876 年の幼稚園創設とともに導入され、現在も実際の子どもの保育に用いられています。

どもの精神能力の発達の観察』という書物を世に出しています。この本は児童心理学の最初にまとまった文献といわれています。

その後、『**種の起源**』（1859年）を執筆し、進化論を提唱したことで有名な**チャールズ・ダーウィン**が、1877年に自らの息子の観察日誌『一乳児の伝記的素描』（A Biographical Sketch of an Infant）をイギリスの「Mind」という哲学の雑誌に発表しています。これはダーウィンの息子の誕生から2年間の記録をまとめたものです。

この観察日誌は育児や教育の記録ではなく、幼児のしぐさや表情、知覚や行動などについて科学的に考察したものでした。子どもを観察し、それを日誌としてまとめた研究は、生物学的な人間研究の礎という意味で同時代の研究者たちに大きな影響を与えました。

その後、ドイツ人の**プライヤー**が後世にも影響を与えることになった『子どもの精神』（Die Seele des Kindes）（1882年）を公刊しています。プライヤーによって伝記的方法が確立されたため、ドイツでは彼を「**発達心理学の父**」と呼んでいます。

彼はもともとダーウィンの進化論の信奉者であり胎生学者でした。「子どもの精神」では、息子の生後3年間の精神発達に関する観察を、「感覚と情緒の発達」「意思の発達」「知性の発達（言語発達）」という視点から詳細に記述しています。

先駆者その4 ホール
発達心理学の基礎を築き質問紙法を考案

アメリカ・マサチューセッツ州生まれの心理学者、**スタンレー・ホール**も、ダーウィンの影響を強く受けたひとりです。彼はアメリカに**児童研究運動**（Child Study Movement）を起こし、発達心理学の基礎を築いた人として有名です。1892年にはアメリカ心理学会を組織して初代会長に就任しています。

ホールは、質問紙を作成して客観的に子どもの行動、態度、興味などの情報を集め、体系的に子どもを研究しました。

この質問紙法というのは、現在では当たり前ですが、当時としては非常に新しい研究方法でした。たとえば質問紙法では、池、湖、野うさぎ…など、子どもがよく見かける対象、75項目について、どの程度見たことがあるかという質問もありました。

その結果、女子と男子では知識に大きな違いがあることや、幼稚園に通う子どもは、そうでない子どもよりも多くの知識をもっていることなどが明らかになりました。今日では当然ともいえる結果ですが、当時はひとつの発見と思えるものだったようです。

その後も、彼は質問紙法を用いて子どものことをさまざまな角度（遊び・興味・夢・不安など）から研究していきました。

また、1893年には児童の研究所を設立し、当時、アメリカの新教育の推進者であったジョン・デューイらとともに児童中心主義の立場をとっていきました。そうした意味からも、ホールは児童心理学・発達心理学の創始者といわれています。

世界のさまざまな国の研究者たちが、発達心理学の礎を築いたんだね

生涯発達

人は生涯にわたって発達し続ける

新しい発達観〜生涯発達という考え方〜

1980年代に入ってから、人間の発達を受胎から死にいたるまでの生涯にわたってとらえるべきであるとする「**生涯発達**」(life-span-development)という発達観が登場してきました。この考え方を提起した**バルテス**は、「発達は全生涯を通じて常に獲得(成長)と喪失(衰退)とが結びついて起こる過程である」と定義しています。生涯発達について研究しているやまだは、このバルテスの考え方を受けて「乳児だけでなく、大人においても事物は〝なくなった〟〝失った〟ときはじめてその存在を認識できることが多い。出会いよりも〝別れ〟のほうが印象に残る」と述べ、発達における喪失の意義を指摘しています。

たしかに身体的成長や記憶力は20歳ぐらいをピークに緩やかに衰退していきます。一方で、人生を生き抜く知恵や技は磨かれていきます。人生80年という社会になった今、獲得や増大だけではなく、衰退・喪失することも受け容れながら人生を歩んでいくことが私たちの発達であるといえるでしょう。生涯発達の英訳、life-span developmentにあるspanは「端から端までの長さ・全長」を意味しています。まさに人生のはじまりから終わりまで、私たちはさまざまな発達を遂げていくことになるのです。

発達の8つの段階区分

人間の一生における変化を明確にとらえることは非常に難しいのですが、これまで、発達段階という

バルテスの生涯発達の考え方

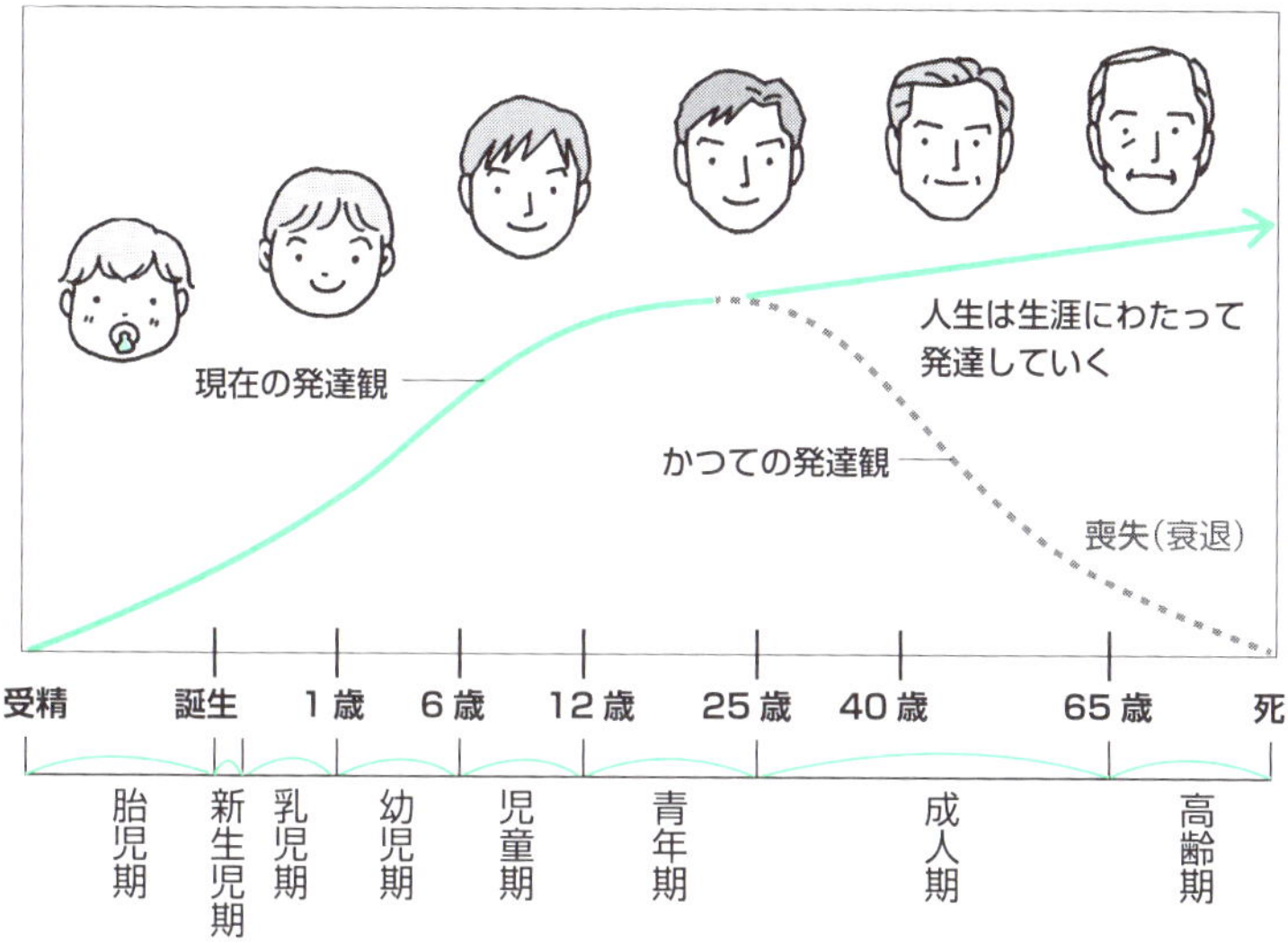

視点から人の発達過程の特徴をとらえるのが主流でした。

古代アテネの立法家でギリシャの七賢人のひとりであるソロンは人生を7年ごとに10の時期に分け、ギリシャの医学者であるヒポクラテスは7つの時期に分類しています。後の教育制度区分にも大きな影響を与えたコメニウスの分類では、教育の時期（1〜6歳）、母国語による学校教育の時期（7〜12歳）、高等教育準備過程としての学校教育の時期（13〜18歳）、大学教育の時期（19〜24歳）と、発達過程が4段階に分けられています。

今日の発達心理学では胎児期、新生児期、乳児期、幼児期、児童期、青年期、成人期そして高齢期と発達を8つに区分して論じています。またフロイトは人間の性の発達を、ピアジェは思考の発達を、エリクソンは心理社会的発達をそれぞれ生涯の視点から論じています。本書ではこれらの理論についても解説しています。

遺伝と環境

遺伝と環境、どちらが人の発達に大きな影響を与えているのだろう？

遺伝説のほうが先に生まれた

人間の発達を考える場合、かならず問題となるのが**遺伝**か**環境**、どちらの影響が強いのかという点です。この遺伝か環境かという対立概念は生得的 対 経験的という表現でもいいかえることができます。

歴史的にみて最初に登場したのは、人間の発達はすべて遺伝によって決まってくるという成熟説です。その後、人間がおかれている環境的要因が発達には大きく影響するという**環境優位説**（学習説）が提起されました。

今日では、その両者がともに影響しあっているという相互作用説が一般的になっています。ではそれぞれの主張についてみていきましょう。

人の一生は生まれる前から決まっている？

16～17世紀ごろに書かれた挿絵では、左ページの精子微人のような人間が描かれています。人の一生は、生まれる前の精子段階からすべて決まっているという考え方です。たとえば、靴職人の家に生まれてくる子どもは生まれる前から靴職人になることが約束され、何歳になったら死ぬ、というようにです。

人の発達は、遺伝によってすべてが決まるという見方が1930年代ごろまで続いていました。

遺伝説（**成熟説**）を支持する代表的研究としては、**ゲゼル**とトンプソンによる双生児研究が有名です。

16～17世紀の医学で考えられていた「精子微人」

たとえば、靴職人の子どもなら、生まれる前の精子の段階から靴職人になると決められていた

ゲゼルによる双生児の実験～成熟優位説～

ゲゼルらは、遺伝子が発達の過程を方向づけるメカニズムを「成熟」とよび、環境が発達の順序に影響を与えることはないと考えていました。この彼の考えを実証するために行われた双生児の実験的研究は非常に有名です。その実験内容は次のようなものです。

＊

生後46週間になったT君とC君の双子がいました。T君に階段のぼりの訓練を6週間行ったところ26秒で登れるようになりましたが、その後、変化はあまりありませんでした。

もう一方のC君に対して、何の訓練も行わない状態で6週間後に測定したところ、登るのに45秒かかりました。その後、2週間C君を訓練したところ、10秒で登れるようになっていました。

＊

つまりT君のほうが3倍も長い期間訓練を受けて

いたにもかかわらず、たった2週間練習したC君のほうが結果的に速く登れるようになっていたわけです。

このことから、早期からの学習の効果は成熟には及ばないことをゲゼルは実証しようとしたのです。非訓練児の階段のぼりの成績は、訓練児のそれと実質的には変わりがないことが示されました。

つまり、時期がきて、運動機能などが成熟しなければ、いくら早くから訓練をはじめても無駄であるというのです。したがって学習効果は成熟には及ばないという考え方からゲゼルの学説は、成熟優位説といわれています。

発達は環境で決まる～環境説（学習説）～

ゲゼルの見解とは異なり、人の発達はその人がおかれている環境によって決まってくるという考え方が**環境説**です。学習説や経験説といわれることもあります。

この学習説を信奉し、学習することで人の行動が成立すると考えたのが行動主義心理学者の**ワトソン**です。彼の考え方は古典的条件づけモデルを人間の行動にも適用しようとしたものです。

彼の主張を裏付ける有名な発言があります。

＊

「私に1ダースの健康で肢体の完全な乳児と私が望む育児環境を与えてくれたまえ。そうすれば私は、どの子どもも訓練して、医師・法律家・芸術家・大事業家にしてみましょう。子どもの才能・好み・傾向・能力・適性・祖先の民族など問題ではない」（ワトソン）

＊

ワトソンは、生まれたばかりの赤ちゃんを自分に預けてもらえさえすれば、望み通りの能力や技術を持つ人間に育て上げ、赤ちゃんのときに決めた職業にかならず就くようにすることができると主張しました。

ゲゼルの双生児の実験

T君

C君より早く訓練開始

C君

このとき
45秒かかった

C君は
2週間訓練した

T君は6週間訓練したところ26秒で登れた
C君はこのとき何の訓練もしなかった

C君は10秒で登れた

しかし79週目では
二人ともほぼ同じ速さで
登れた

T君は
まだ26秒かかった

この結果から

早期から学習しても、
成熟（遺伝）には
及ばないとゲゼルは主張

遺伝も環境も大切～相互作用説～

さて、遺伝説、環境説の理論論争を調停するような学説を唱えたのは**シュテルン**の考え方でした。

シュテルンは、**輻輳説**《ふくそう》を提唱して、発達は遺伝要因と環境要因が輻輳（収束）してはじめて決まっていくと主張しました。

シュテルンの輻輳説は、現在の相互作用説に近いものといえますが、①発達は遺伝と環境の単純な加算ではないという点、②遺伝と環境が、いろいろな特性・才能・素質の開花にどのような影響を与えるのかという詳細な議論がない点が欠点として指摘されます。

輻輳説を説明する図式として有名なのが**ルクセンブルガーの図**です（ドイツ語で環境はUmfeld、遺伝はErbgutであらわす）。

たとえば図中のXは左に移動すればするほど遺伝の影響が強くなり、環境からの影響が小さくなります。逆に右に移動すれば環境からの影響が大きくなるというものです。

この説では遺伝と環境は別々のものであり各要因をもちよっているにすぎないという見方がなされています。

一方、これに対して**ジェンセン**は、相互作用説のひとつである**環境閾値説**《いきち》を提唱しました。遺伝によって与えられた才能を伸ばすために必要な、環境の適切さの最低限度を閾値といいます。環境閾値説には、もって生まれた才能を伸ばすためには、相応の環境が必要だという考えがあり、左の図は、その指標をみるためのものです。

たとえば身長のように、環境にそれほど影響を受けないものは閾値が低いとされ、音感のように環境要因の影響を強く受ける場合、閾値が高いという考えです。

この説では、身長（A）は、よほど劣悪な環境でない限りは発達に支障をきたすことはありませんが、知能テストの成績（B）ではやや環境から受ける影響が大きくなります。また学校での学業成績（C）

になると、環境の重要度が増してきます。ところが絶対音感や外国語音韻の弁別（D）は環境要因が重要になってくるのです。

現代では、遺伝的要因と環境的要因は、相互に影響を与え合って発達を支えているので、どちらか一方が優位に立つということはないと考えられています。

輻輳説と環境閾値説

シュテルンの輻輳説（ルクセンブルガーの図）

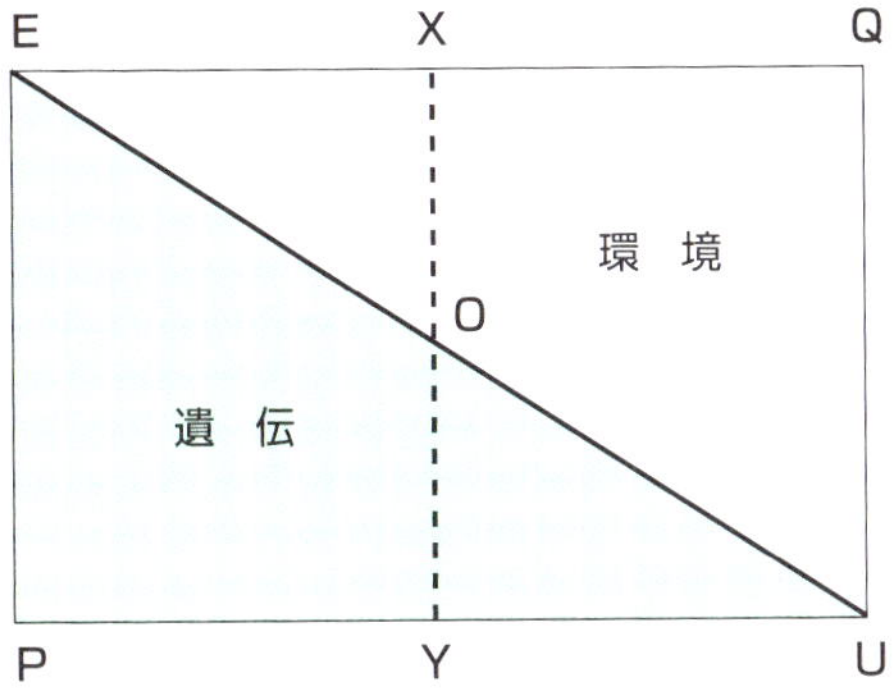

ジェンセンの環境閾値説

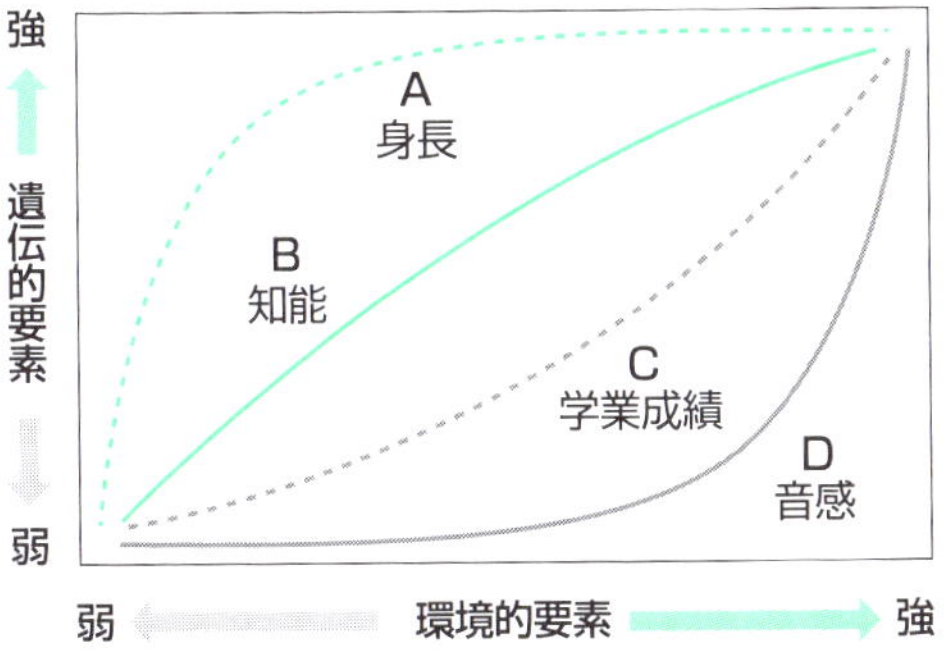

発達段階説

フロイトの性の発達段階説

本能や無意識について研究を深めたフロイト

精神分析の創始者として名高いS・**フロイト**は、1856年、チェコスロバキア領モラビア地方の小都市フライブルクにユダヤ人の息子として生まれ、4歳からオーストリアのウイーンで暮らしていました。

彼はそれまで論じられることのなかった人間の本能や無意識について関心を抱き、その後のヨーロッパ思想に多大なる影響を与えた人です。フロイトは、「人間の生物的発達の基礎は性の本能であり、その本能は社会のなかで抑圧されている」と述べています。

しかしこの性的本能を幼少期にどのようにコントロールしていくかが、子どものパーソナリティの発達に大きな影響を与えていくと考えたのです。

ではフロイトがどのように子どもの性の発達段階を考えていたのかについてみることにしましょう。

フロイトの性の発達段階説

フロイトは、性欲動という精神的なエネルギーを**リビドー**とよびました。そして彼は、リビドーを発達とともに身体のある部分に局在するものと考え、その身体部分の名称を使って人間の性の発達段階を説明しました。

生後1歳半ぐらいまでを「**口唇期**」、1歳半ぐらい～3歳くらいを「**肛門期**」、3～6歳を「**男根期**」、6～12歳を「**潜伏期**」、12歳以降を「**性器期**」、といいます。

フロイトによる性の発達段階説

生後～1歳半ぐらい	口唇期	母親から乳を与えられる時期。口唇を使い吸うという行為を通して環境との交流をはかる。
1歳半～3歳	肛門期	排泄機能のコントロールができるようになる時期。排泄を通して、環境に対する主張的で能動的な姿勢が芽生える。
3～6歳	男根期	性的関心が異性の親に向けられ、同性の親を憎むようになる。また、両親への同一視を通して性役割を獲得する。
6～12歳	潜伏期	男根期で芽生えた同性の親への憎しみから生じた去勢不安のため、性への関心が一時的に抑圧される。
12歳以降	性器期	口唇、肛門、男根といった小児性欲の部分的欲動が統合され、対象の全人格を認めた心理的な性愛が完成する。

さらにフロイトは、幼いころの性的エネルギー（リビドー）と大人になってからの性格とを関連させています。彼が患者さんに自由連想をさせたときに、「口」にまつわるものばかりを連想する人がいたことから生まれた考えです。彼は、こうした人は、リビドーが各性の発達段階にとどまっている（固着している）と解釈しました。たとえば次のような性格をフロイトは提起しています。

口唇性格…おしゃべり。食通。ヘビースモーカー。酒呑み。幼いころ、口唇活動に満足を覚えた人は、無意識のうちに知識を貪欲に取り入れようとするが、不満足であった人は、すべてのことに羨望の想いが強く、悔しさを感じる傾向がある。

肛門性格…「倹約（ケチ）」は、大便を出すまいとして我慢する快感と関連する。「頑固（強情）」は、母親からの排泄のしつけに頑なに抵抗することと関連し、「几帳面」は、そのしつけに素直に従い、気を配ることと関連している。

性の発達段階とパーソナリティとの関わりに言及したフロイトの考え方は、当時にすれば大変ユニークな見方でした。

「エス」「自我」「超自我」

フロイトはこうした性の発達段階のなかで、パーソナリティの3要素が形成されると述べています。その3要素とは、**エス**（イド）、**自我**（エゴ・セルフ）、**超自我**（スーパーエゴ）というものです。これらにはそれぞれ、次のような意味があります。

- ・エス（イド）…本能としての衝動
- ・自我（エゴ・セルフ）…現在の自分の意識的な部分であり、衝動的なエスを抑え、道徳的な行動をとろうとする超自我との調整役
- ・超自我（スーパーエゴ）…道徳心や良心

エスは、無意識の世界にあり、快楽原理に支配されています。やがてまわりの人との関わりが増える

エディプス・コンプレックス

3〜6歳の子どもは男根期（エディプス期）にあり、異性の親に対して性的な関心をもちはじめます。異性の親に対する性的願望や愛着、同性の親に対するライバル心、敵意といった心理を**エディプス・コンプレックス**（女の子の場合はエレクトラ・コンプレックス）とよんでいます。フロイトがこの概念を着想するヒントとなったのが、ギリシア神話のひとつである、父親を殺して母親と結婚したエディプス王の話です。

フロイトの説明によると、エディプス・コンプレックスを経た後、子どもは、異性の親からの愛情を独占できないことを知り、自分が同性の親のようになって（同一視）、異性の親の愛を獲得しようと思うようになるのです。

フロイトが考えた心のしくみ

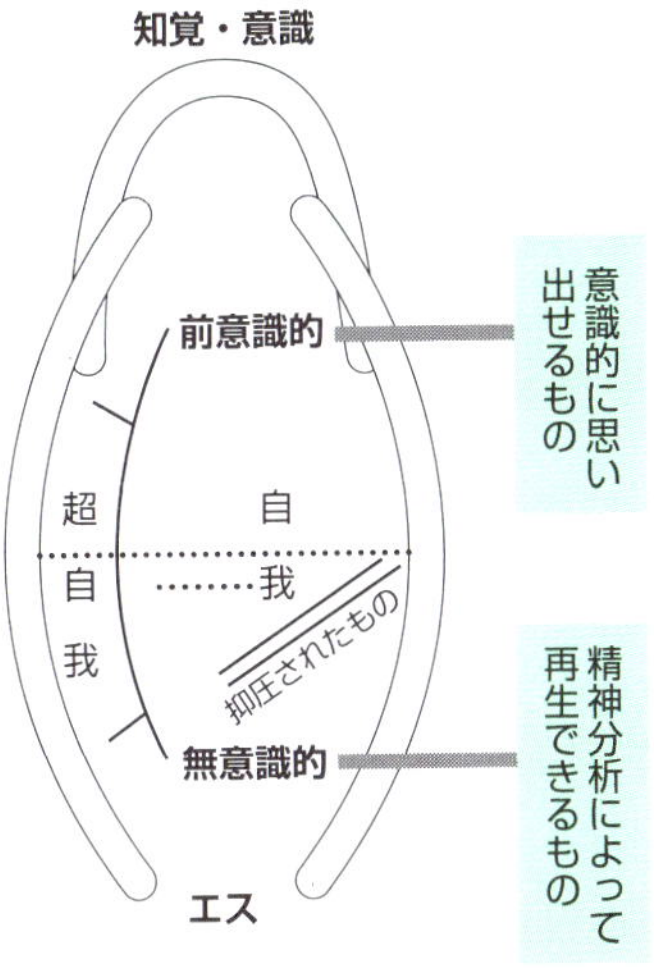

超自我（スーパーエゴ）
道徳心や良心に支配されている

自我（エゴ・セルフ）
意識的な部分であり、衝動的エスを抑え、道徳的な行動をとろうとする超自我との調整役

エス（イド）
本能的衝動を意味する。自分の快感を追求することを目的とする

（フロイト、1932）

につれ、エスから自我が派生します。自我は、エスから発生した欲求を、まわりとの調和を考えた現実原理によって満たそうとします。超自我は道徳的行動と関わるもので、男根期（エディプス期）に自我から生じます。

　子どもは本能によって生きるために欲求を満たそうとしますが、そうすることで自我が芽生え、社会で生きていくためにはどのようなルールに従うべきかを学んでいきます。そして、ときにはその社会的規範に反する行動をとりそうになりながらも、なんとかその社会で上手に生きる方法を模索していくのです。

　そのほかにもフロイトは、人間の**無意識**に着目し、夢の分析・自我防衛などを理論化（『手にとるように心理学がわかる本』参照）しました。フロイトの諸理論をみてみると、いかに彼が今日の心理学に大きな影響を与えているかがわかります。

心理社会的発達理論

エリクソンの発達理論

人生を8つに分けた「心理社会的発達理論」

エリクソンは、心理社会的発達に焦点をあてた**8段階理論**（漸成発達理論）を提唱し、今日の発達心理学に大きな影響を及ぼした精神分析家です。フロイトの生物的視点からの発達理論に社会的視点を加えて独自の人格発達理論を提唱しました。

エリクソンの提唱した**心理社会的発達理論**では、人生を「乳児期」「幼児前期」「幼児後期」「児童期」「青年期」「成人前期」「成人後期」「高齢期」という8つのステージに分け、各段階で重要となる対人関係や特徴、心理的危機を示しています。

彼は、自己が健全な発達を遂げていくためには、各発達段階で遂行されなければならない発達課題があると提起しています。

そして、各発達段階の時期にある発達課題（左ページの図の「心理的危機」に記載されている部分）を達成できないまま次の段階へ進んでしまうと、健康な自己を発達させることができないと述べています。

とくにエリクソンの理論のなかでしばしば取り上げられるのは、第Ⅰ段階の「信頼 対 不信」、第Ⅴ段階の「**自我同一性**（**アイデンティティの確立**）対同一性拡散」です。

生まれてすぐのときから、子どもは心から親を信頼して自分の生命を託すわけですから、その時期に築かれた信頼感は一生を支える重要な心の絆になります。アイデンティティについては青年期の章で解説していますので、ご参照ください。

エリクソンの心理社会的発達理論

段　階	心理的危機	重要な対人関係	特　徴
Ⅰ 乳児期 0～1 歳	信頼 対 不信	母親	誰か（親）を心から信頼できるという気持ちをもてるようになることが大切な時期。
Ⅱ 幼児前期 1～3 歳	自律性 対 恥、疑い	両親	自分の意志で排泄や生活をコントロールできることを学ぶ時期。
Ⅲ 幼児後期 3～6 歳	自主性 対 罪悪感	基本的家族	自分で考えて自分で行動することを覚える時期。大人は子どものやろうとする気持ちを大切に育てる必要がある。
Ⅳ 児童期 6～12 歳	勤勉性 対 劣等感	近隣、学校	やればできるという体験をして、勤勉に努力することを覚える時期。
Ⅴ 青年期 12～20代半ばごろ	自我同一性 対 同一性拡散	仲間集団、リーダーシップのモデル	自分はどのような性格なのか、将来どのような生き方をしたいかを模索しながらアイデンティティを確立していく時期。
Ⅵ 成人前期 20代後半～30代半ばごろ	親密性 対 孤独	友情、性、競争、協力の相手	特定の異性と親密な関係をもつことで相手を尊重し、大切に思う気持ちを育む時期。結婚して家庭を築く人が多い。
Ⅶ 成人後期 30代後半～60代半ばごろ	世代性 対 停滞	分業と共有の家族	次の世代の人々（子ども、孫、生徒など）のために知識･経験･愛情を継承していく時期。
Ⅷ 高齢期 60代後半	自我の統合 対 絶望	人類	今までの人生を振り返り、自我の統合をはかる時期。

発達課題

ハヴィガーストの発達課題

ハヴィガーストの発達課題の特徴

ハヴィガーストは、アメリカ合衆国ウィスコンシン州の小さな町ディペレに生まれました。彼はオハイオ州立大学で物理や化学を学び、地元のウィスコンシン大学の物理学の教員になりましたが、徐々に教育学や人間発達の分野に関心を移していきました。

彼の理論の特徴は、乳幼児期から高齢期までの各発達段階の時期に、「同年齢の友達と仲よくする」「職業の準備をする」など、左ページに示すような**発達課題**を設定したことです。これは、エリクソンの発達課題よりも具体的な内容をもつ複数の課題を人生の発達課題として示しています。

ハヴィガーストは、身体的成熟や技能に関するもの、社会・文化で規定されているもの、個人の価値や選択に関するものといった領域に分けて、具体的な発達課題を設定しています。たとえば乳幼児期では歩行の学習、話すことの学習、両親やきょうだいおよび他者と情緒的に結びつくことの学習、といったように幅広い発達課題が提示されています。また、ある時期の発達課題を習得していないと次の段階の発達課題の習得に影響を与えると述べています。

彼の理論は、教育学的な色彩が強いという指摘がなされることが多くあります。なぜなら彼は教育者の立場から人の発達をとらえようとしたからです。ですから、学校における教育の目的を見い出したり、設定したりするときに、有効な課題として使われてきました。

ハヴィガーストの発達課題の例

乳幼児期

- ●歩行を学ぶ
- ●固形の食べものをとる
- ●話すことを学ぶ
- ●大小便の排泄習慣のコントロールを学ぶ
- ●性の違いと性に結びついた慎みを学ぶ
- ●両親、きょうだいや他者と、情緒的に結びつくことを学ぶ

児童期

- ●ボール遊び、水泳などに必要な身体的技能を学ぶ
- ●同年齢の友達と仲よくする
- ●良心、道徳性、価値観を発達させる
- ●自立的な人間性を達成する

青年期

- ●同年齢の男女と新しい関係を築く
- ●両親や他の大人からの情緒的独立を達成する
- ●経済的独立に関する自信の確立
- ●職業の準備をする
- ●結婚と家庭生活の準備をする
- ●社会的に責任のある行動を求め、成し遂げる

壮年初期

- ●就職する
- ●配偶者を選択し、家庭を形成する
- ●子どもを養育する
- ●家庭外の社会集団の福祉のために責任を負う

中年期

- ●大人としての市民的社会的責任を負う
- ●一定の経済的生活水準を確立し、維持する
- ●子どもが幸福な大人になれるよう援護する
- ●中年期の生理的変化を理解し、適応する

老年期

- ●肉体的な強さと健康の衰退に適応する
- ●隠退と減少した収入に適応する
- ●配偶者の死に適応する
- ●自分と同年代の人たちと明るい関係を確立する

精神分析学

精神分析学の立場から子ども理解を深める

クライン、マーラー、ウィニコットの発達理論

フロイト以後、精神分析学の立場から子どもと母親との関係について示唆に富む理論を展開した研究者たちがいます。メラニー・クライン、マーガレット・マーラー、ドナルド・ウッド・ウィニコットです。

クラインは、1882年にフロイトが活躍していたオーストリアのウィーンで生まれ、対象関係論の源泉となるクライン派（シーガル、ビオン、ウィニコット、フェアバーン）とよばれる主要な学派勢力を形成しました。彼女は、遊戯療法(プレイセラピー)を利用した児童分析と発達早期の対象関係や防衛機制についての理論を提起しています。

1896年にイギリスのプリマスという町で生まれた**ウィニコット**は、ケンブリッジ大学で生物学を学び、その後、医学と小児科学を修め小児科医として開業しました。

ハンガリー生まれの**マーラー**の父はユダヤ人系ハンガリー人だったため、マーラーはナチスの迫害から逃れるためにアメリカに渡り児童精神科医として活躍しました。

クラインは、乳児が母親との間で経験する2つの葛藤について、ウィニコットは母親と赤ちゃんとの関係について、そしてマーラーは乳幼児の**分離・個体化過程**について、それぞれ研究を深めました。

今日の発達心理学研究にも生かされている彼らの理論については、P51～53の図をご覧ください。

クラインの提唱した概念

乳児が母親との間で経験する２つの葛藤

「妄想―分裂的態勢」

生後３ヶ月までの乳児の心理。生後間もない子どもは、自分の欲求を満たしてくれる乳房を「よい対象」、満たしてくれない乳房を「悪い対象」と分裂させてとらえる。
「よい対象」に乳児は情熱的な愛を注ぎ、理想的な対象だと信じ込んでいく。そうして自分の力で母親を支配できるという全能感が形勢される。

「抑うつ的形態」

生後４ヶ月～２歳ごろの間に乳房との関係から母親全体との関係へと変化する。「よい対象」と「悪い対象」が、じつは同じ母親だと理解するようになる。すると幼児は愛する母親から見捨てられるという不安や母親の乳頭をかんでしまったという罪悪感を抱く。
乳児が母親に対して、「嫌いだ」という気持ちと「好きだ」という気持ちの両方があることに気づき、それに対して罪悪感を抱いて抑うつ的になる。

ウィニコットが考案した概念

ウィニコットは、母親と赤ちゃんとの関係を精神分析的立場からみて、次の概念を考案した

原初的没入

子どもを出産する前後の数週間、母親は病的といえるほどに乳児に没入する

だっこ（holding）

（抱きかかえる）日常的な育児のこと。このだっこのおかげで子どもは万能感と安心感をもつことができる

ほどよい母親（good enough mother）

母親の要求を押しつけることはせず、乳児が望むまさにそのときに手を差し伸べること

スクイグル

ウィニコットが開発した相互なぐりがき技法と訳される描画法

移行対象

分離不安をやわらげるために、ぬいぐるみをもったり、毛布の端をしゃぶったりということがよくある。このぬいぐるみや毛布を移行対象という

錯覚・脱錯覚

母親の乳房を、あたかも身体の一部とみなしてしまうことを錯覚という。次第にその思いから抜け出すことを脱錯覚という

マーラーの分離・個体化過程

自分と他人とが異なる存在であるということを認識していくプロセスを「分離・個体化過程」とよび、マーラーは４段階に分けて説明している

分化期（生後５～９ヶ月）

母親の腕のなかや膝の上から少し離れて行動し、手を伸ばして母親の顔を触ったり耳を引っ張るなどして自分と他人の区別をしようとする時期

↓

練習期（生後９～14ヶ月）

歩行ができるようになると、身近な毛布やおもちゃに熱中し、ひととき母親を忘れたかのようにみえるが、母親を基地として行動範囲を決めていく

↓

再接近期（生後14～24ヶ月）

母親から離れて自由に動き回れるようになるが、母親から離れることに分離不安を感じ、不安定になる。母親に近づいたり離れたりというくり返しによって、母親とのよい心理的距離を見つけだそうとする

↓

個体化の確立と情緒的対象恒常性のはじまり（生後24～36ヶ月）

母親が常にそばにいなくても、自分のなかに情緒的に安定した「ほどよい母親像」を確立させ、自己の一貫性を獲得していく時期

発達心理学における研究方法

さまざまな発達の研究方法

子どもを研究するには、さまざまな方法があります。その代表的なものをご紹介します。

(1) 観察による研究

①**自然観察法**…ありのままの行動を見て記録する方法。たとえば保育現場などで子どもが行動を起こした時間に沿って記録していく**行動描写法**、子どもを理解するうえで重要だと考えられた行動やエピソードを記録する**逸話記録法**がある。

②**組織的観察法**…観察法には、**組織的観察法**もある。これは研究の目的に合わせて、意図的に条件を統制したり操作して場面を設定し、そのなかで生じる行動を組織的に観察するという方法である。

(2) 実験による研究

いろいろな条件（独立変数）を変化させ、その条件を実際に行う群（実験群）と行わない群（統制群）とに分けて、被験者の行動（従属変数）に独立変数がどのように影響しているかを比較検討する方法。

(3) 心理検査法

あらかじめ客観的に構成された質問や課題を与えて、性格・態度・興味・発達の程度などを量的および質的に測定していこうとする方法。客観性が重視されるため、信頼性（誰が、いつ測定しても同じ結果が得られるのかどうか）や妥当性（測定しようとしている事柄を、どの程度的確に測定しているかどうか）が問題になる。

また、特定の個人や集団を1年後、3年後と継続して追跡し、その発達的変化を研究する方法を縦断的研究法、さまざまな年齢群を同時に選択して比較検討する研究方法を**横断的研究法**とよんでいる。

(4) 代表的発達検査

・**遠城寺式乳幼児分析的発達検査法**…0～4歳8ヶ月までの子どもの発達をみることができる個人用検査。①移動運動②手の運動③基本的習慣④対人関係⑤発話⑥言語理解の6領域の検査が可能。

・**津守・稲毛式乳幼児精神発達診断法**…親や保育者が子どもの様子を記入する間接的な検査。①運動②探索・操作③社会④食事・排泄・生活習慣⑤理解・言語の5領域について検査が可能（0～3歳までと3～7歳までの2つに分かれている）。

・その他…KIDS（キッズ）乳幼児発達スケール、新版K式発達検査、日本版デンバー式発達スクリーニング検査などがある。

コラム

文化によって子ども観は違う ～日本は性善説・西洋は性悪説～

日本に「7歳までは神のうち」という言い回しがあるのを、あなたはご存じですか?

昔はせっかくこの世に生を受けても幼くして亡くなる子どもたちがたくさんいたため、なんとか7年間ぐらい生きられれば、その先も子どもたちは生きていけると考えられていました。

また、7歳までに亡くなった子どもたちはまだ別世界の神の国に属しているという考えから、本葬ではなく仮葬であったともいわれています。

このように、日本では、生まれてきた子どもたちは皆、生まれつき善の心、よい心をもっているので、放っておいても育っていくと考えられていました。

これは西洋とはまったく逆の子ども観です。

西洋では、子どもは「悪」を背負って生まれてくる（**性悪説**）という考えでした。ですから、ムチを使って厳しく子どもを育てなければ、生まれながらのねじ曲がった心を直すことができないという思いが根底にあり、子どもに厳しいしつけを行うのが当然とされていたようです。

文化によって、子どもに対するとらえ方や価値観が異なっているのは、大変興味深いことではありませんか？

子どもは悪という考えが主流だった西洋において、ルソーやフレーベルたちが提唱した新しい人間観が、いかに先進的なことであったか、うかがえるのではないでしょうか。

胎児期～乳児期の発達

本章では、子どもが生まれる前、そして生まれた後に、人間がどのような成長・発達を遂げていくのか、順に追ってみましょう。

胎児の発達

お腹のなかで赤ちゃんはどのように成長していくのだろう?

お腹のなかでも赤ちゃんは活動している

科学的・医学的見地から胎児の成長・発達の過程が明らかになりはじめたのは、かなり最近のことです。それまでは、お腹のなかは真っ暗で、胎児は生まれてくるまで耳が聞こえず、ただ静かにしているだけであると考えられてきました。

しかし、そうした推測をくつがえす多くの新しい発見が、次々と明らかになってきました。その結果、胎児は、じつはしっかりとお腹のなかでも音を聞いたり、指しゃぶりをしたり、しゃっくりをしたり、笑ったりと積極的に活動をしていることがわかっています。

生理的早産

スイスの動物学者ポルトマンは哺乳動物を「**離巣性**」「**留巣性**」の2つに大別しました。

離巣性の特徴には、比較的長い妊娠期間を経て脳髄が発達して生まれてくること、生まれる子の数が少ないこと、生まれた子どもがすぐに親と同じような行動がとれることなどがあり、ウマ、サルなどの高等哺乳動物が属しています。

留巣性の特徴には、妊娠期間が短く、脳髄が未成熟で多数の子どもが一度に生まれること、未発達の状態であることなどがあり、リス、ウサギ、イタチなどが属しています。

高等哺乳動物である人間は離巣性の特徴を有しながらもほかの動物に比べて未発達な状態で生まれてきます。このことを「**生理的早産**」「子宮外の胎児期」と表現しています。

胎児の発達過程

お腹のなかにいる受精から出生までのほぼ 260 ～ 270日（ほぼ 40週間）の期間のことを**胎生期**とよび､次の 3 つの時期に分けられています。

1. 胚期 the germinal stage （卵体期ともいう） 	受精から受精卵の子宮への着床までの8～10日の間をさす。受精卵は2個、4個と次々と分裂し、受精後3日目で 12 ～16 個に分割される。 さらに分裂をくり返して、胚は子宮に移動し、子宮内膜に着床する。そして胚はそこに埋まり、妊娠となる。
2. 胎芽期 the embryonic stage 	胚期の終わりから、受精後2週間から8週目の終わりくらいまでをさす。この時期に諸器官の原形が形成される。受精卵の内側（胚芽胚葉）は着床後、外胚葉、中胚葉、内胚葉に分かれる。 妊娠4週目半ばごろには心臓が動きはじめ、妊娠5週目ぐらいから拍動を確認できるようになる場合もある。
3. 胎児期 the fetal stage 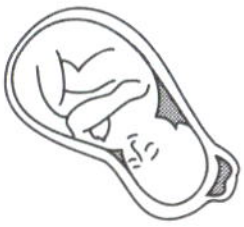	胎芽期の終わりから、出生までの時期のことをさす。出生時には約50cm、約3000g ぐらいまでに成長する。胎児は子宮内で臍帯を通じて胎盤につながり、羊水に浮かんで生活をしている。 胎盤は栄養物、老廃物、酸素、抗体などを交換するフィルターとなり、羊水はクッションの役割を果たしており、胎児の運動、体温調節などを助けている。

運動機能の発達

胎週12週ごろになると羊水のなかで盛んに運動をする様子を超音波モニターで確認できるようになります。20週ごろには**把握反射**や**バビンスキー反射**（足底反射）があらわれます。母親もそうした動きを胎動として感じることができるようになるのです。また、胎児が指しゃぶりをする様子も胎週4ヶ月ごろにみられます。

6ヶ月をすぎると、羊水を飲み、排尿をはじめます。母親の胎盤の出っ張りを吸ったりする行為もみられるのですが、この動作は母乳を飲むことにつながる運動で、羊水のなかで足を動かして歩くようなしぐさをしています。

出産が近づくと、蹴る運動は少なくなり、体をくねらせる運動が増えます。これは産道を通っていくための練習とも理解できます。

視覚機能の発達

お腹のなかにいる6ヶ月ぐらいの胎児に強い光を当てるとそれに反応します。まぶたを開閉したり、眼球をキョロキョロとさせます。

聴覚機能の発達

胎児は成人女性の声の高さによく反応します。音楽を聞かせると、心拍数が上昇するのは29週ぐらいになってからです。

こうして胎児は、出産間近には、皮下脂肪が増え、ふっくらと丸みのある姿になってきます。また、全身に生えていた胎毛は薄くなり、皮膚のしわも消え、張りが出てきます。髪の毛も生えそろい、爪も伸びてくるのです。さらに、未熟だった肺の機能も、妊娠34週の終わりごろにはほぼ完成します。

つまり、ヒトの発達は生まれてからはじまるのではなく、すでに受精したときからはじまっているわけです。お母さんは胎内にいるわが子をいつくしむ気持ちをもって生活していくことが大切です。

身体の発達過程

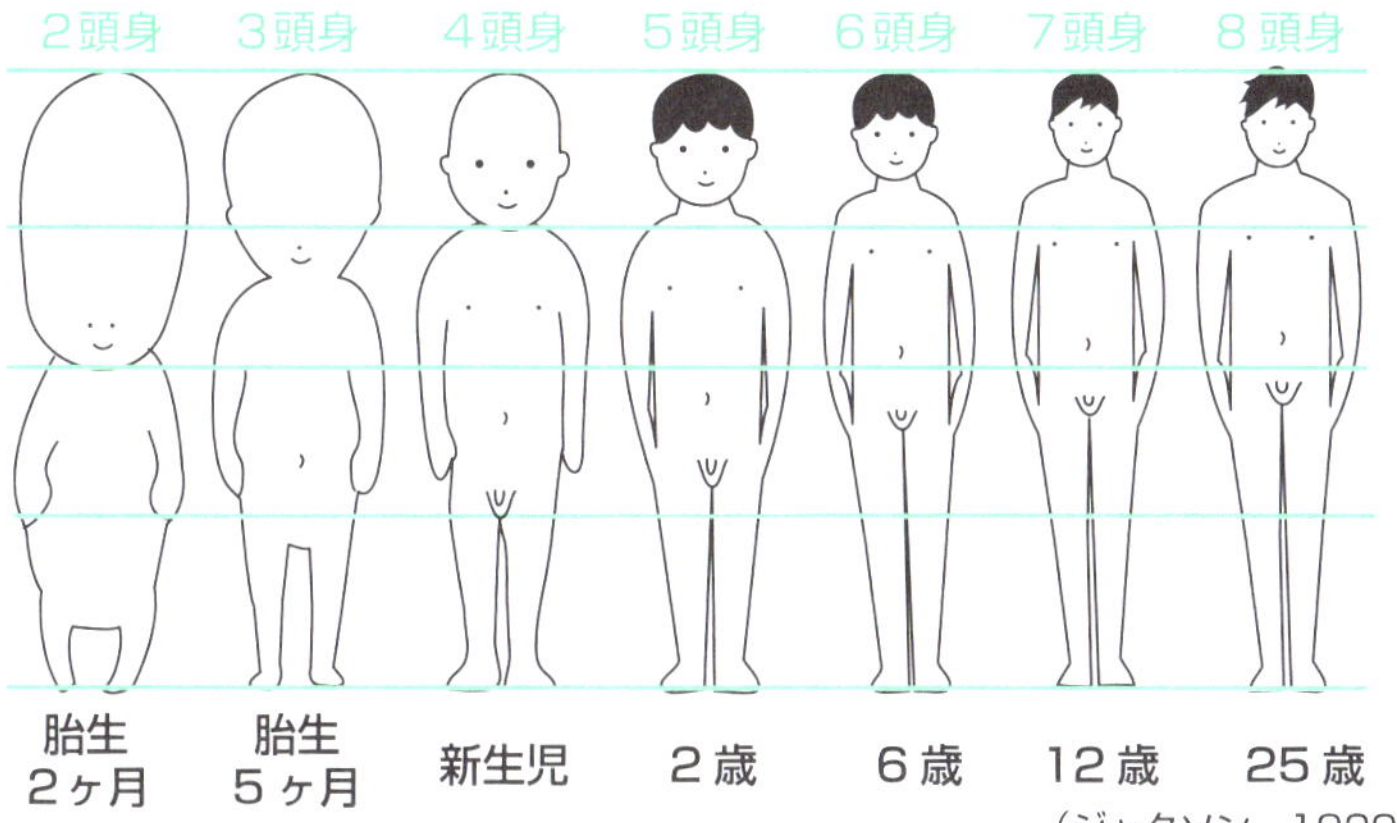

（ジャクソン、1929）

「戌《いぬ》の日」を知っていますか？

妊娠5ヶ月目に入った**戌の日**に、お腹の保護と安産を願って妊婦のお腹に腹帯（さらしの布帯・岩田帯ともいう）を巻く儀式のことを『**帯祝い**』といいます。なぜ「戌の日」に腹帯をつけるのかというと、犬は極めてお産が軽く、一度にたくさんの子どもを産むからだそうです。このことから、日本人は長年、犬を安産の守り神としてきました。また戌は十二支のひとつですから、12日に1回、つまり1ヶ月に3回程度、戌の日はめぐってきます。

日本独特のこの儀式は、医学的な知識が発達していなかった時代から、お腹の子どもを守っていくためのひとつの知恵だったのでしょう。

身体発達の原理

身体発達の8つの基本原理

発達は一定の原理にしたがって進む

　赤ちゃんがハイハイもしないで突然歩き出すということはありません。かならずハイハイ→つかまり立ち→はじめの一歩…という過程を経ます。

　国を問わず、人間の発達はいくつかの原則にしたがって進んでいくのです。その原則をあらわしたのが、**身体発達の8つの基本原理**です。

　基本原理は、①発達は連続の過程である、②発達は分化と統合の過程である、③発達は一定の方向性がある、④発達は個体と環境の相互作用である、⑤発達は相互に関連している、⑥発達には一定の順序がある、⑦発達には個人差がある、⑧発達には周期性がある、と分類されています（左ページの図参照）。

スキャモンの発達曲線のタイプ

　出生後、成熟に達するまでに身体の諸器官がどのように発達するかについて、**スキャモン**は各器官の重量と年齢段階との関連を図に示しています。

発達曲線のタイプ (R.E.スキャモン、1930)

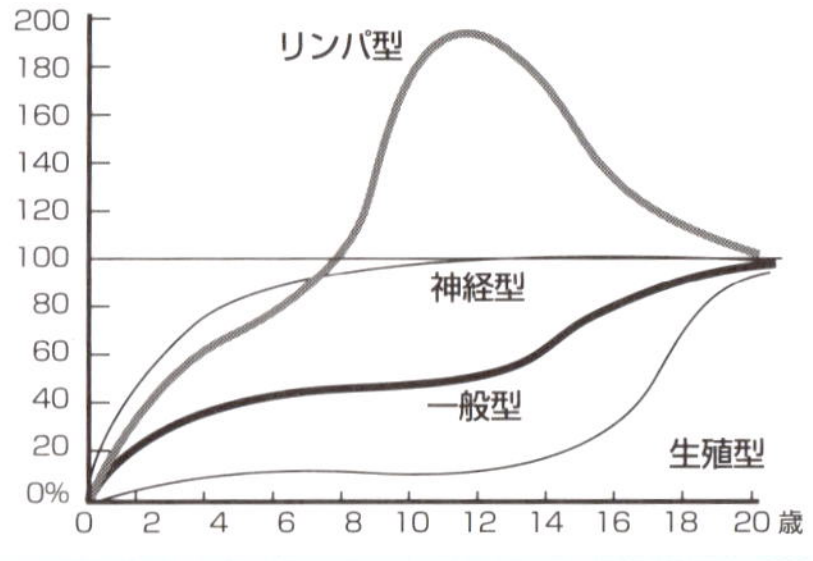

身体発達の８つの基本原理

1. 発達は連続の過程である

発達は急激に変化することはなく、連続性を保ちながら進む。

2. 発達には一定の方向性がある

身体の発育では、頭部が最初に発育し、手足へと移っていく。発達は、頭部から臀部（でんぶ）へ、中枢部から末梢部へと進む。

3. 発達は分化と統合の過程である

たとえば、ものをつかむ行動は、指全体でつかむ（未分化な）状態から、親指と人差し指でつかむ（分化した）状態へと発達する。

4. 発達は個体と環境の相互作用である

発達は、個体が環境に働きかけをし、その結果が個人に返されるといった相互交渉によって進む。

5. 発達は相互に関連している

発達は、それぞれの要因が個別に独立して発達するのではなく、相互に関連しあいながら発達し、それらが一緒になって全体的発達につながっていく。

6. 発達には一定の順序がある

たとえばハイハイ→つかまり立ち→直立歩行と、発達は一定の順序で進む。

7. 発達には個人差がある

初潮の時期や声変わりの時期などは、個人によってさまざま。発達にはそれぞれ個人差がある。

8. 発達には周期性がある

発達の過程では、以前あらわれていた傾向がくり返しあらわれる。

新生児の発達

生まれたての赤ちゃんのパワー

出生時の平均体重と身長

赤ちゃんはおよそ40週（10ヶ月と10日）を経て生まれてきます。日本人の赤ちゃんの出生時の平均体重は、約3000グラム、身長は約50センチです。

また2500グラム未満で生まれてきた赤ちゃんのことを**未熟児**と呼んでいますが、これは慣用的な表現です。正式には出生体重が2500グラム未満で生まれてきた場合を低出生体重児としており、そのうち在胎期間が37週未満で生まれた児に限り「未熟児」とよぶことになっています。

さらに出生体重による分類では**低出生体重児**（2500グラム未満）、**極低出生体重児**（1500グラム未満）、**超低出生体重児**（1000グラム未満）に分かれています。

赤ちゃんの聴力

新生児は単純な音よりも複雑な音を好み、母親の声と他の女性の声とを聴き分ける能力をもっているようです。アイマスによれば、生後1ヶ月であっても（ba）と（pa）という音声を弁別していることを示しています。

赤ちゃんにはどれだけ見えている？

新生児は生まれてすぐでもぼんやりと目が見えており、視力は0・02ぐらいです。1歳ぐらいになってようやく明瞭に見えるようになります。
ファンツは、人の顔・新聞の切抜き、渦巻き・赤

ビジュアル・クリフの実験

ガラス板の下には格子模様が見える。
ガラス板の半分から先は、
板のすぐ下にではなく、床に模様がある。

色・白色・黄色の刺激図版を赤ちゃんに提示し、その反応時間をみるという実験を行いました。その結果、生後2ヶ月ぐらいの赤ちゃんが一番凝視したのは人の顔でした。このことから生後2ヶ月までに赤ちゃんは複雑でおもしろそうなものに関心を寄せ、選択して注視していることがわかります。

視覚的断崖（ビジュアル・クリフ）

ギブソンとウォークは、奥行き知覚が生得的なものか、経験によって獲得されたものかを明らかにするために、図に示すような装置を使って乳児に実験を行いました。この装置は強化ガラスで平面ですが、ガラスごしに見ると視覚的に断崖絶壁に見えます。この強化ガラスの上にハイハイができるようになった生後6ヶ月の赤ちゃんをのせると、深い側の断崖にみえるガラスの手前で怖がってしり込みをして止まることがわかりました。このことは乳児が運動視差などを手がかりとして教えられなくても奥行きを知覚する能力をもっていることを示しています。

運動機能

赤ちゃんの運動能力はどう発達する?

急激な身体の発達

赤ちゃんは、1年の間に、めざましいスピードで発達を遂げていきます。たとえば左に示すように、3ヶ月ごろに首がすわり、6、7ヶ月にお座りができるようになり、次にハイハイがはじまり、ついには直立2足歩行ができるようになります。こうした運動能力の発達にあわせて、知的面、情緒面そして社会的面での発達がうながされていきます。

「這えば立て、立てば歩めの親心」という表現があるように、親はついつい子どもの早い発達を期待してしまいます。しかし発達の速度に個人差がつきものです。ゆっくり子どもの発達を見守ってあげてください。

ハイハイのプロセス

発達の進み方

0ヶ月
1ヶ月
あごをあげる
2ヶ月
肩をあげる
3ヶ月
首がすわる
4ヶ月
支えれば
すわる
5ヶ月
膝の上でもの
をつかむ
6ヶ月
イスの上で動く
ものをつかむ
7ヶ月
ひとりで
おすわりできる
8ヶ月
支えられて
立つ
9ヶ月
つかまり立つ
10ヶ月
ハイハイ
11ヶ月
支えられて
歩く
12ヶ月
家具につかまっ
て立ち上がる
13ヶ月
片手で支えれば
階段をのぼる
14ヶ月
200メートル
ほど歩く
15ヶ月
スタスタ
ひとりで歩く

脳の発達

赤ちゃんの脳はどう成長する？

出生時から１４０億個の神経細胞がある

赤ちゃんの脳は、胎児のときから細胞分裂をくり返して驚くほどの成長を遂げています。生まれたときにはすでに約１４０億個もの神経細胞があり、その数は大人になってもあまり変化しません。それどころか、20歳をすぎるころから、１日に10万個程度の神経細胞が死んでいくといわれています。

では、大人になっても神経細胞が増えないとしたら、子どもの脳はどのように発達していくのでしょうか。中枢神経をみると、まず神経板が形成されます。次に神経溝が見られるようになり、神経管とよばれる管が作られます。これが脳と脊髄のもとになるものです。この管の先端部が膨らみはじめると、神経管は大きく曲がりはじめ、約40日目ぐらいのころには前脳胞、中脳胞、菱《りょう》脳胞の３区分がはっきりしてきます。さらに前脳胞は終脳と間脳に、菱《りょう》脳胞は後脳と髄脳に分かれて５つの脳胞が作られ、その神経管の残りが脊髄になっていきます。

シナプスの回路の発達が脳の発達を支えている

脳は神経細胞（ニューロン）とグリア細胞から成り立っていますが、その神経細胞は樹状突起、細胞体（核とその周辺部からなる）、軸索（神経線維）、終末部からつくられています。

そしてこの終末部は神経細胞から軸索を伝って送られてきた信号を次の神経細胞に受け渡す場所です。

脳の発達過程

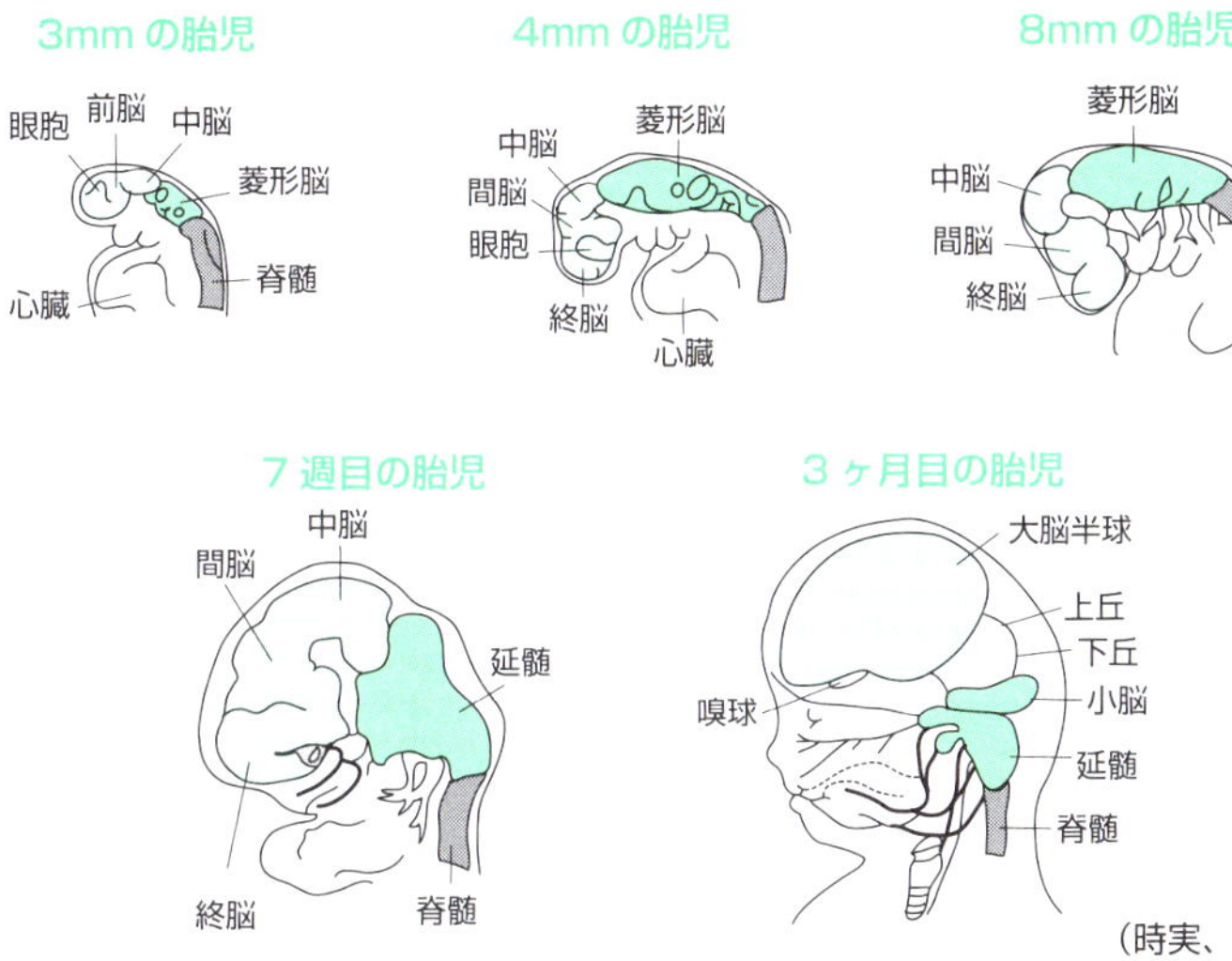

（時実、1979）

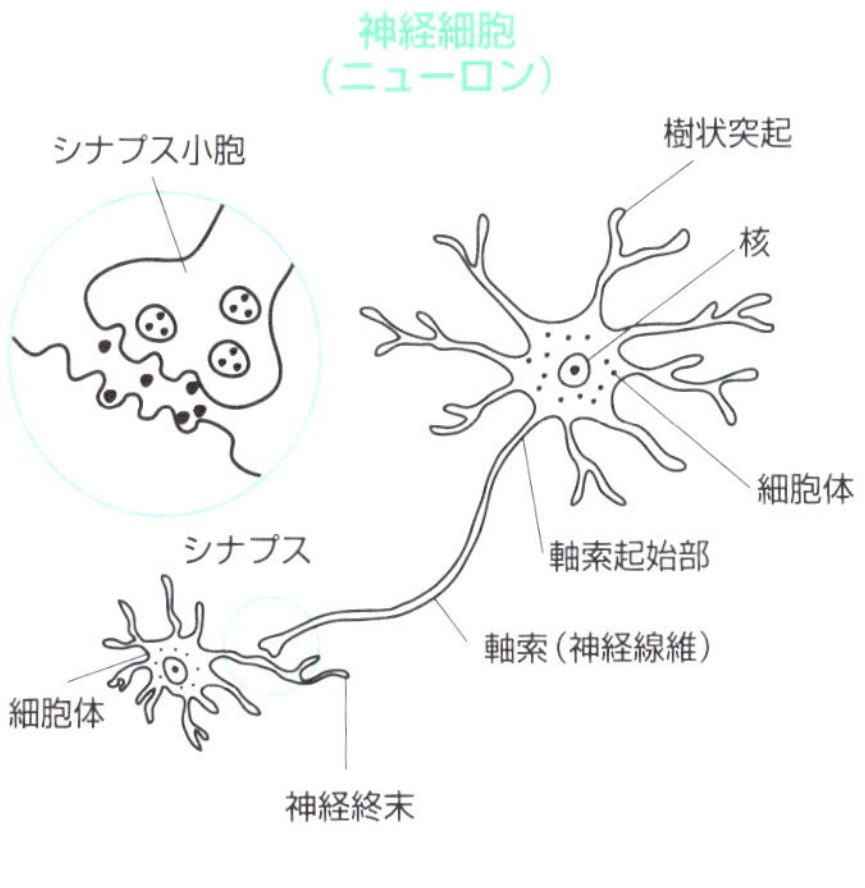

この神経細胞と接する部分を**シナプス**とよんでいます。つまり、神経細胞は樹状突起や軸索を伸ばして、他の多くの神経細胞と網目のような複雑なネットワークを張りめぐらしながら信号を伝えていくのです。シナプスの回路の発達が人間の脳の発達を支えています。

原始反射

原始反射は生きていくために備わっている力

反射は無意識に身を守ろうとする動き

私たちは、目の前にボールが飛んできたら瞬間的に目を閉じて目を守ろうとしますし、さっと手を出して反射的に顔を覆う行動をとったりします。このように、人間は無意識のうちに身を守ろうとする機能をもっています。この無意識の動きのなかで、ある刺激に対して神経系のみを通して起きる動きを「**原始反射**」とよびます。

大半の原始反射は生後数ヶ月のうちに消えてしまいますが、この原始反射は乳児の神経系の働きをみるための指標となっています。

代表的な原始反射についてみてみましょう（左ページ参照）。

脳が発達すると、原始反射から自発運動に変わる

左ページで紹介している数々の反射は、なぜ消えてしまうのでしょうか？　それは、子どもの脳における大脳皮質が発達してくると、原始反射に代わって**自発運動**ができるようになるからだと考えられています。

しかし、消失すべき時期になっても原始反射がみられる場合には、何らかの脳機能の異常が疑われる場合もあるようです。

原始反射の特徴についてみると、いかにヒトが自分の力で生きていくための機能をしっかりもって生まれてきているかがわかります。

さまざまな原始反射

把握反射

新生児がしっかりとものを握り締める反射、手足の指にみられる。3～4ヶ月で消失する。

バビンスキー反射

新生児の足の裏を、とがったものでゆっくりと、かかとからつま先にかけてこすると親指がそりかえり、他の4本の指が扇のように開く反射。フランス人のジョゼフ・バビンスキーにより発見された。12～24ヶ月にかけて消失する。

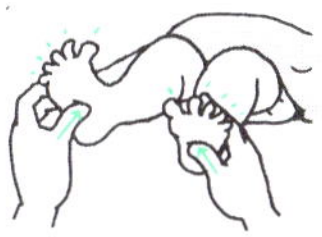

モロー反射

ドイツ人のモローにより報告された反射で「抱きつき反射」ともいわれる。赤ちゃんの背中と頭を支えて仰向けにし、手で支えながら急に頭部を落下させると、両手と両足を左右対称的に外側に伸ばし、それに続いてゆっくりと抱え込むように上半身を動かす行動をとる。この反射は乳児の神経発達をみるための指標となっている。3～4ヶ月までに減少し6ヶ月までに完全に消失する。

ルーティング反射（口唇探索反射）

赤ちゃんのほっぺたを少し指でつつくと、刺激された方向に頭を回すという反射。この反射を使って赤ちゃんはほっぺにお母さんのおっぱいが触れると、自然とそちらの方に顔を回し、おっぱいを飲むことができる。3～4ヶ月後に消失する。

吸てつ反射（吸飲反射）

赤ちゃんが唇に触れたものをなんでも吸おうとする反射。この反射があるからこそ、おっぱいや哺乳瓶のミルクを飲むことができる。8～9回吸引運動～休む～また8～9回吸引運動をくり返す。4ヶ月ごろまでに消失する。

自動歩行反射

赤ちゃんの腋の下を支え、両足を床につけて少し前かがみにさせると、まだ歩けないのに歩き出すような足の動きをする。2ヶ月前後に消失する。

緊張性頸反射

仰向けに寝ている赤ちゃんの顔をゆっくりと回すと、顔の向いているほうの手足をまっすぐに伸ばし、反対側の手足を曲げてあたかもフェンシングをしているような格好になる。神経系に異常があった場合の発見につながる反射である。4～6ヶ月で消失する。

気質

赤ちゃんにもさまざまな個性がある

赤ちゃんの個性には3つのタイプがある

生まれたての赤ちゃんがずらりと並んだ新生児室をのぞいてみたことはありますか？　張り裂けんばかりの大声をあげて泣いている赤ちゃんもいれば、かき消されそうな微かな泣き声の赤ちゃんもいます。この光景ひとつをとってみても、人には生まれながらにしてすでに個性があることがわかります。

赤ちゃんのときからさまざまな個性があることを明らかにしたのは、アメリカ人の小児科医、**トマス**と**チェス**です。彼らは、乳児の気質を左ページの表に示すような9つのカテゴリーから3つのタイプに分類しています。

①「扱いやすい子」…反応が穏やかで、機嫌もよく、生理的リズムも安定し、環境の変化にもすぐ慣れる、いわゆる「育てやすい子ども」。約40％の子どもがこのタイプ
②「気難しい子」…生理的リズムは不規則で反応が強く、環境の変化に慣れにくい。約10％の子どもがこのタイプ
③「出だしの遅い子」…環境変化には慣れにくいが、反応は穏やかで活動性が低い。子どもの約15％がこのタイプ

お子さんの個性を見抜くことができるのは、親しかいないのですから、個性をしっかりつかんで子育てをしましょう。

「乳児の気質」9つのカテゴリー

カテゴリー	特　　徴
1. 活動性水準	**高**／絶えず活発に動き回る **低**／スヤスヤと眠って過ごす
2. 周期性	**高**／一定の時間に食事し、一定の時間に眠る **低**／毎朝違った時刻に起き、食事時間もバラバラ
3. 接近／回避	**接近**／新しい玩具・食べ物・顔に接近し、手を伸ばしたり笑ったりする **回避**／拒否したり遠ざけたり、騒ぎたてる
4. 順応性	**高**／入浴をして徐々に楽しんだり、新しい玩具に慣れて、次第に楽しく遊ぶ **低**／突然の鋭い音や、おしめを替えること、ベビーシッターに対して決して慣れようとしない
5. 反応の強さ	**強**／父親に遊んでもらって声高に笑ったり、検温や服を着せるときにギャーギャー泣いて暴れる **弱**／空腹時でもすすり泣く程度で、衣服や手足に引っ掛かっても騒いだりしない
6. 気分の質	**高**／1日中ニコニコ笑っている **低**／揺すられてあやされていても泣き叫ぶ
7. 固執性	**高**／モビールを飽かず眺め、じゃれる **低**／おしゃぶりをすぐ吐き出す
8. 気を散らすこと	**多**／あやされていると空腹を忘れたり、玩具をもたされていると着替えの煩わしさを忘れる **少**／摂食時でも泣いたり、着替えが終わるまで騒ぐ
9. 敏感さ	**強**／ある子はあらゆる音や光に気づく。アップル・ソースに入れたビタミンにさえ気がついて、食べようとしない **弱**／大きな音や濡れたおむつ、食べているものに気づく程度

乳児の特徴

赤ちゃんにはかわいく見える法則がある

子どもの顔の特徴は？

多くの大人たちは、街ですれ違った小さな子どもを見ると一様に「かわいい」と言います。

なぜ人にそう思わせるのでしょうか？

それは、小さな子どもには、大人たちに「かわいい」と言わせてしまうある法則があるからなのです。

まずは、紙に小さな子どもの顔を描いてみてください。そしてその隣りに、子どものママの顔も描いてください。子どもの顔と大人の顔とはどこがどのように違っているでしょうか。

大人と子どもの顔の違いとして、山口は、子どもの顔は顔幅のわりに目が小さく、目と目の間の距離が大きいこと、子どもには子ども特有の脂肪のふくらみと頭蓋骨の割合があることをあげています。子どもらしい顔の印象形成に重大な影響を与えているのは、頭蓋骨の成長にともなう目鼻立ちの変化です。

たとえば子どもが小さいときの目と目の間の距離は広いのですが、頭蓋骨が成長するにしたがってその距離は狭くなります。心理学者であるアレイたちは1970年代後半に、子どもから大人への頭蓋骨の成長過程を**カージオイド変換**という耳慣れない関数によって説明しようと試みています。

このカージオイドというのは心臓に似た形をしていることから心臓形ともよばれています。彼らの法則にしたがうならば、角ばったところに徐々に丸みをつけていくと子どもらしい顔が描けるようになります。

ベビーシェマ

①大きな頭
②ほほが丸い
③目と目が離れている
④顔のパーツが低い位置にある
⑤丸くずんぐりとした体型

守ってあげたくなる特徴「ベビーシェマ」

①大きな頭、②ほほが丸い、③目と目が離れている、④顔のパーツが低い位置にある、⑤丸くずんぐりとした体型、これらの特徴を、動物行動学者の**ローレンツ**は**ベビーシェマ**と名づけています。

こうした特徴をもったものに接したとき、ほとんどの人は「弱いものは守らなければ」という気持ちを自動的に抱く仕組みができているとローレンツは説明しています。その仕組みは「生得的触発機構」とよばれています。

誰もが子どもをみると「かわいい」と言ってしまう理由がおわかりいただけたでしょうか。

絵が下手な人が子どもの顔を描くときには、ぷっくりとした丸みを帯びた顔を描き、目と目の間をちょっと広めに取り、眉と目の距離を広めにとれば、かわいい子どもの顔が描けるはずです。

感情の発達

赤ちゃんの感情はどのように発達するのだろう?

感情はどのように発達していくのか

赤ちゃんをあやすと、手足をバタバタさせて全身でその喜びを表現してくれます。この表現もじつは赤ちゃんの感情表現のひとつなのです。子どもの感情発達をはじめて本格的に研究した**ブリッジス**は、左ページの図のような発達過程を提起しています。生まれたときには興奮状態が中心で、その後、快・不快・興奮に分かれ、2歳ぐらいまでいろいろな感情が育っていくと彼は考えていました。

ルイスの感情発達理論

しかし、ブリッジスの研究は1932年というかなり昔のものです。現在では、新生児の新しい研究が進むにつれ、ブリッジスが指摘していたよりもかなり早い、生後6~8ヶ月までには基本的な感情がすべて出そろうと考えられるようになっています。**ルイス**は乳児の感情発達について81ページの図のように説明しています。乳児には苦痛・興味・満足という3つの感情がみられます。たとえば苦痛という感情は、主に生理的不快(空腹・眠気)と結びついており、赤ちゃんは泣くことによってその感情を表現します。生後2ヶ月ぐらいになると悲しそうな表情もするようになるのです。

悲しみや嫌悪感より少し遅れて、怒りの感情が芽生えてきます。恐れの感情は、人見知りが激しくなる6~7ヶ月ごろになると出現する感情で、養育者との愛着関係が形成されはじめたひとつの

感情は2歳までにできあがる

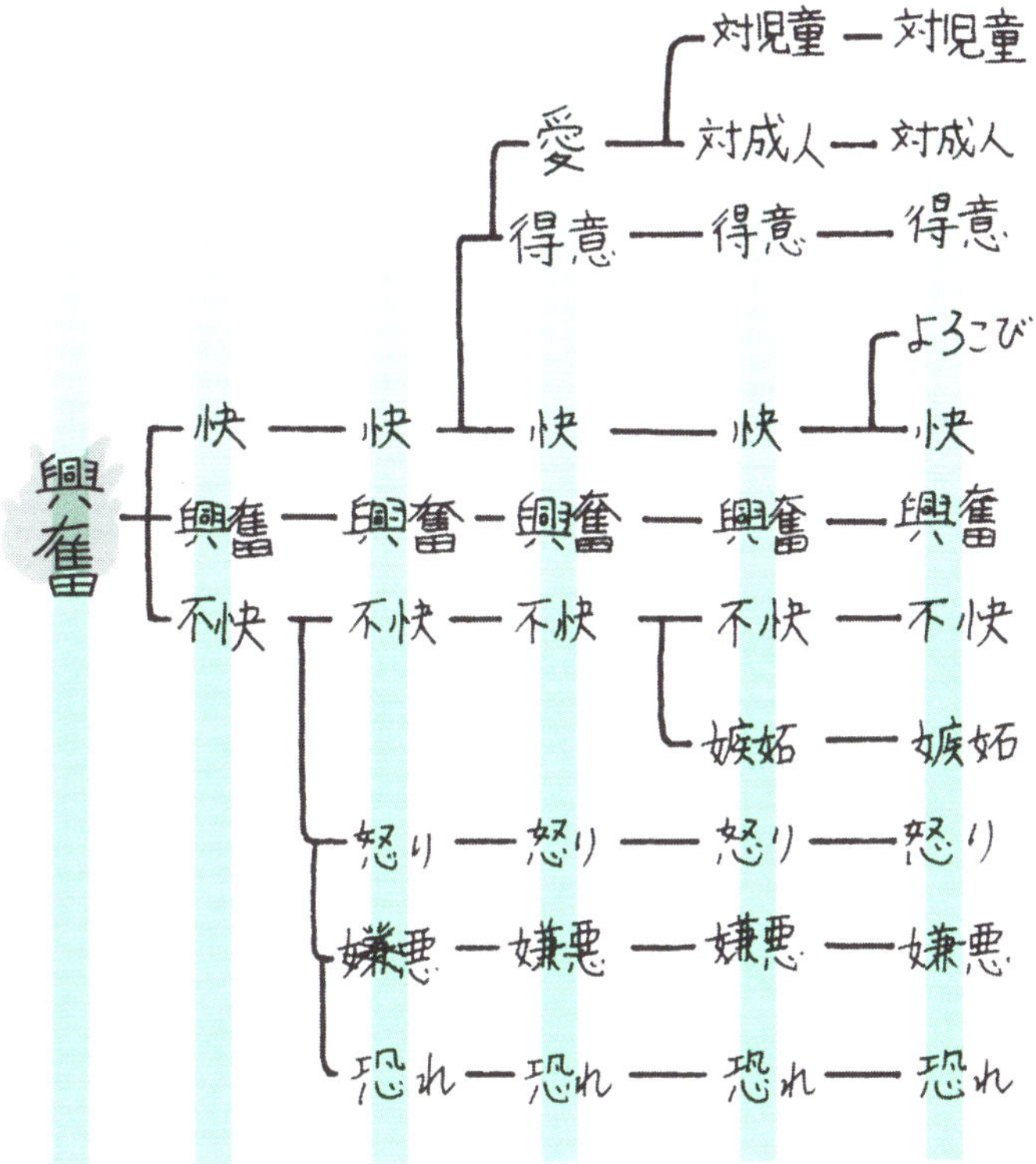

（ブリッジス、1932）

あらわれだといえましょう。

それに対し、快い感情もかなり早い段階から出現します。乳児が快いと感じることのはじまりは、おっぱいをいっぱい飲み、生理的な欲求が満たされたという満足感を得たときですが、その情緒のあらわれは、寝ているときなどの微笑みに表現されています。こうした微笑は生理的な状態を反映していることが多いので、**生理的微笑**とよばれています。

しかし3ヶ月ごろになると喜びを場面に応じて表現する**社会的微笑**の段階になります。このころから、あやしかけに対して目が笑って微笑むことができるようになり、また見慣れた人（多くの場合は親）を選択し、その人にとくに微笑むようになります。4ヶ月ごろになれば、声を立てて、大きな口を開けてクックックと笑うこともできます。赤ちゃんの微笑は自分のほうから働きかけを示すコミュニケーションのはじまりだといえます。

このように基本的な感情（喜び、悲しみ、嫌悪、怒り、恐れ、驚き）は6ヶ月ごろまでにほぼ発達してきます。その発達をうながすには、子どもの認知能力の発達や親子の愛着関係の発達がうまく進んでいることが大切です。

2歳前から照れや共感、羨望の気持ちが芽生える

1歳の後半ぐらいになると、照れ・共感・羨望といった新しい感情が出現してきます。

2歳半～3歳にかけて、誇り、恥、罪悪感といった感情がみられるようになってきます。善悪の判断が育ってくるのと同時に、「いけないことをしてしまって悪かった」といった気持ちが生まれてくるのです。「うれしいなあ」とか「悲しいなあ」と、自分の気持ちを意識できるようになるには、自己の発達が必要になります。この時期に、大人は子どもの示す感情を読み取り、その感情に名前をつけてフィードバックしてあげることが大切です。

「おもちゃをとられて悲しかったんだね」「ひとりでトイレに行けてえらいね」といった励ましが、子どもの感情を育てていくのです。

生後３年間の感情発達のモデル

（ルイス、1993）

言葉はどのように身につける？

泣き方にもいろいろある～言葉への準備段階～

生まれたての赤ちゃんの第一声を**産声**《うぶごえ》といいますが、元気な産声が聞こえると長時間苦しんだお産の苦労もどこかに飛んでいきます。産声はそれまで胎盤を通じて行っていたガス交換を止め、はじめて自力で呼吸を行うときに呼気によって出る音のことです。

赤ちゃんの唯一の表現方法は「泣く」ことですが、この泣き声もいくつかのタイプに分けることができます。

ウオルッツは、泣き声を次に示す3つのタイプに分けています。

①基本的な泣き…基本的な波型を示すような泣き。生後2～3ヶ月の間に口の動きのコントロールができるようになり、音の高さを保つことが可能になる

②猛烈な泣き…激しく泣く。子どもが怒っていると思う母親もいる

③痛みの泣き…突然4～5秒も続く泣きが起こり、その後休みが入ってまた泣く

(例) 注射を打たれたときの泣き方

赤ちゃんの成長とともにその泣き方は変化し、泣くこと自体が心理的意味をもつようになります。そして、泣き声にもいろいろな音声が含まれるよ

うになっていきます。また、生後6ヶ月の赤ちゃんでも200～600ヘルツ（約1オクターブ半）の音域までを使い分けられるのです。こうして泣くということを通じても、人は言葉を発する準備をしていることがわかります。

喃語《なんご》には世界中の言葉のエッセンスが詰まっている

ヒトが意味のあることを話し出すのは1歳前後ですが、じつはもっと月齢の浅い赤ちゃんもおしゃべりをしています。

このおしゃべりというのは、**規準喃語《なんご》**とよばれるもので生後6ヶ月ごろから発するバーバー、ダーダーといった音声のことをさしています。この規準喃語があらわれる時期は、どの言語においてもほぼ等しく、構成する子音要素の種類はほぼ一致していることがわかっています（h、d、b、m、t、g、w、n、kが80％を占めている）。つまりこの喃語には世界中の言葉のエッセンスが詰まっているわけです。

幼児音の主なもの

子どもはときどき「コドモ」を「コモド」「テレビ」を「テビレ」などと大人が真似できないような発音をすることがあります。これを**幼児音**、または**不正構音**といいます。この幼児音は2歳前後の子どもたちの80％以上にみられ、小学校2年生ぐらいになるとほとんどなくなります。

また幼児が発する特徴的な表現に**幼児語**があります。

①ひとつの音を重ねた表現
【例：おてて、はいはい、おめめ、ぽんぽん（お腹）】
②擬音・擬声音
【例：ワンワン（犬）、ブーブー（自動車）、チュンチュン（すずめ）】
③「お」をつけて表現をやさしくしたもの【例：猿をお猿、馬をお馬】
④擬人的表現【例：お月さま、お日さま】

これらの幼児語は乳児期の喃語（複数の音節からなる「アーアーアー」といった発声）と大人の言葉とをつなぐ時期の言葉だといえます。

身体の動きによって喃語も変わる

また、**喃語**が出現するような時期になると、赤ちゃんは体を活発に動かすようにもなります。多くの研究者は、赤ちゃんのリズミカルな運動（足を蹴りだす、足が上下の方向に動く、手にものを握って水平方向に振るなどの運動を3回以上連続して行う）が盛んに行われる時期に喃語も出現してくるという点に関心をよせています。

デイビスとマックネイラーゲは、このリズミカルな顎の上下運動によって音節が反復されて喃語になるのではないかと説明しています。また、江尻は生後6〜11ヶ月になるまで5名の赤ちゃんを継続的に観察し、手を上下に振るだけの運動は喃語が出現すると減っていくのに対し、音を出す（たとえばおもちゃを振る）ような運動は、喃語が出現すると増加していく傾向があることを明らかにしています。

このことから、リズミカルな運動と喃語との間には何らかの関連性があることがわかります。

赤ちゃんはおしゃべりしたがっている

とかくお母さんたちは育児に忙しく、赤ちゃんとのおしゃべりをないがしろにしがちです。ひとりで静かにしているから子どもは放っておいても大丈夫だと思ってしまうのかもしれません。

しかし、赤ちゃんはお母さんとお話をしたがっています。初語の前段階であるこの時期に、親が子どもに積極的に話しかけ、子どもが発する喃語に合わせて一緒におしゃべりをしてあげることが、その後の言語発達をうながすことにつながっていきます。規準喃語が出現するメカニズムにおいて母と子の積極的なやりとりが重要な役割を果たしているといえるでしょう。

さてこの喃語期を過ぎるころ、子どもはつかまり立ちができるようになってきます。そして「パパ」「ママ」といった意味のある言葉を話せるようになってくるのです。これが**初語**の出現です。

話し言葉の発達過程

	年齢	特　徴
1. 準備期	生後5､6ヶ月〜1歳ぐらいまで	生後5ヶ月ごろになると乳児は「パー・パー・パー」といった複数の音節と子音プラス母音の構造を持った規準喃語を発するようになる。約 70% の乳児が8ヶ月ごろまでに規準喃語を発しはじめる
2. 片言期	1〜1歳半	初語が出てくる時期。1語で自分の言いたいことを伝えようとしている。1語発話ともよばれる。「マンマ」という1語でも文脈やイントネーションによって「お腹がすいた」という意味であったり「これは食べられるのか」という意味をもっていたりする。「パパ」「ママ」といった語は頻繁に使われる1語文である
3. 命名期	1歳半〜2歳	物にすべて名前があることを認識しており、さかんに物の名前を尋ねてくる。使える言葉も増えてきて名詞以外に動詞や形容詞が使えるようになる。2語文として、「ボクのクルマ」などの文章を使う。約300語の語彙量があるといわれている
4. 羅列期	2〜2歳半	知っている言葉を羅列して使う。動詞の語尾変化によって現在、過去、未来の区別ができてくる。「〜から」「○○したとき」といった表現も使えるようになる
5. 模倣期	2歳半〜3歳	接続詞や助詞が使えるようになり、大人の使う言葉を盛んに模倣する時期である。「暑いから、セーターを脱ぐ」といったように主文と従属文からなる文章が話せるようになる。自分だけの造語もみられる。約 900 語の語彙量がある
6. 成熟期	3〜4歳	話し言葉の完成期。日常生活に不便のない程度に大人とも自由に話せる。約 1600 語の語彙量がある
7. 多弁期	4〜5歳	獲得した言葉で自由に友達とも意思の伝達ができるようになる。幼稚語はほとんどなくなる。約 2000 語の語彙量になる
8. 適応期	5〜6歳	話し相手によって話す内容を変えたり、質問を変えたりできるようになる。約 2400〜2500 語の語彙量になる

愛着

親子の絆の確立〜アタッチメント〜

二次的動因説

「なぜ子どもはママが大好きで、ママの姿が見えないだけで泣き出すんだろうか？」

この疑問に対して、これまで発達心理学的観点からいくつかの理論が提唱されてきました。

まず最初に、親と子の絆が成立するメカニズムを解明しようとした理論は、スタンフォード大学のシアーズが提唱した**二次的動因説**です。

この理論では、お腹がすいた、のどが渇いた、寒い、暑いといった赤ちゃんの**生理的欲求**（**一次的動因**）を母親が満たそうとするときに、多くの母親は愛情をもって子どもに働きかけをします。そうした生理的不快の軽減と、母親の愛情表現が同時にくり返されると、やがて、生理的不快の軽減だけではなく母親の愛情を欲しいという欲求（**二次的動因**）が強くなっていくというものです。

つまり、母親が一次的動因（生理的不快）を軽減させてくれるため、子どもは母親に強い情緒的結びつきを感じるという見方です。

インプリンティング（刻印付け）

この**二次的動因説**に反論したのは、**インプリンティング**という考え方を提唱した**ローレンツ**です。ノーベル賞を受賞したスイスの動物学者ローレンツは、スイスの美しい大自然のなかで動物を観察し、ある現象に注目しました。

それは、ニワトリ、アヒル、カモなどのように

なぜ、子どもはママが大好きなのか？

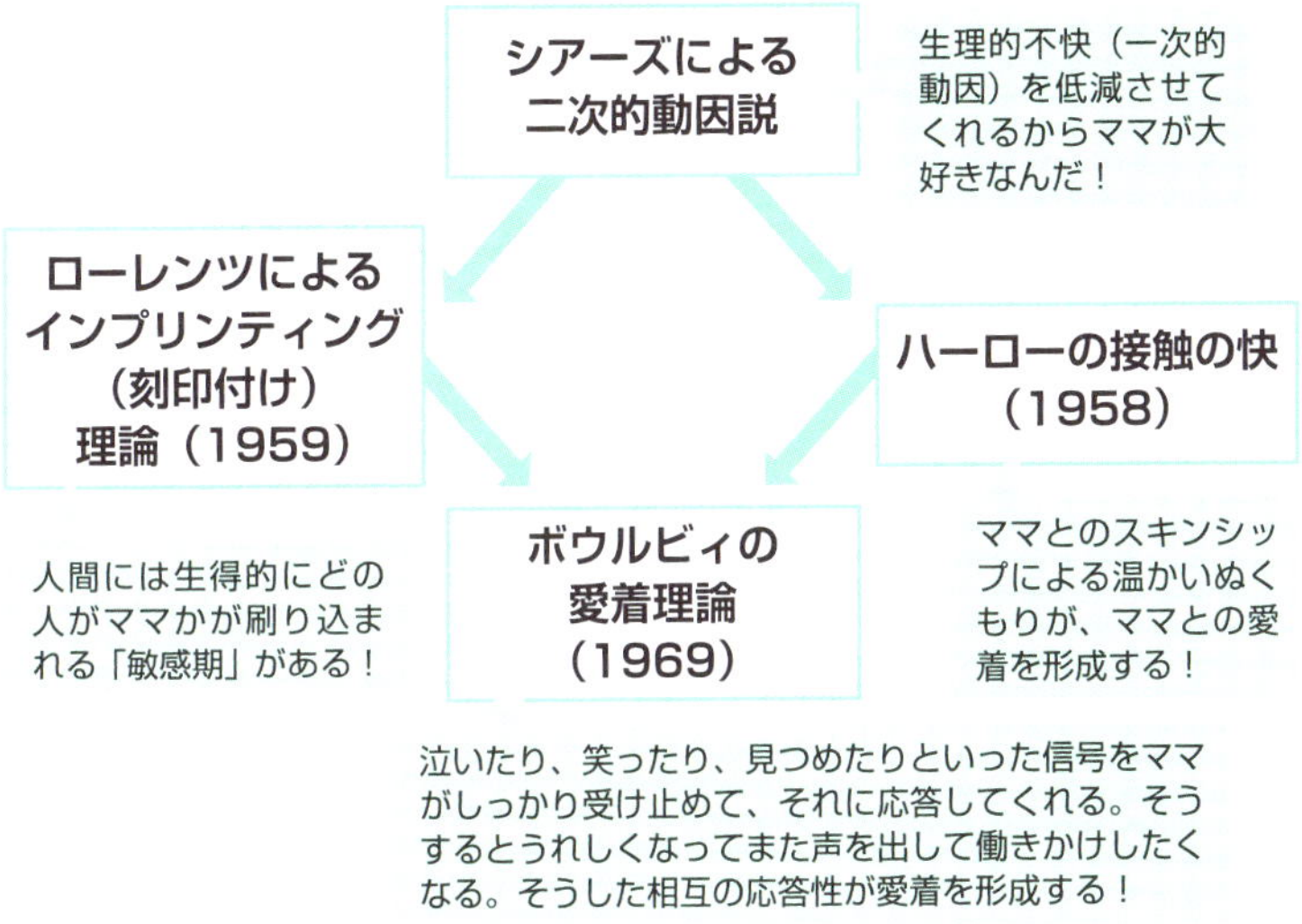
シアーズによる
二次的動因説
生理的不快（一次的動因）を低減させてくれるからママが大好きなんだ！
ローレンツによる
インプリンティング
（刻印付け）
理論（1959）
人間には生得的にどの人がママかが刷り込まれる「敏感期」がある！
ハーローの接触の快
（1958）
ママとのスキンシップによる温かいぬくもりが、ママとの愛着を形成する！
ボウルビィの
愛着理論
（1969）
泣いたり、笑ったり、見つめたりといった信号をママがしっかり受け止めて、それに応答してくれる。そうするとうれしくなってまた声を出して働きかけしたくなる。そうした相互の応答性が愛着を形成する！

孵化してすぐに開眼し、歩行可能な鳥類のヒナは、孵化後の特定のある時間内（24時間以内）に「動くもの」の後を追う反応を示すという現象です。

この現象は「インプリンティング」「**刻印付け**」「**刷り込み**」と呼ばれています。ローレンツは、この現象を人間の発達にもあてはめて考えました。つまり、人間にも生後しばらくの間にどの人が自分の親であるかが刷り込まれる敏感期が存在し、その時期に親と子の絆も築かれると考えたのです。

接触の快

次に二次的動因説に反論したのは「**接触の快**」という理論を提唱した**ハーロー**です。この接触の快とは、赤ちゃんが母親に愛着を抱くのは、母親との身体的な接触（スキンシップ）によるものであり、母親のぬくもりが赤ちゃんの不安な気持ちをやわらげ、愛着を築くという考えです。

ハーローは赤毛ザルの子ザルを使ったユニークな実験をしました。檻のなかに針金の巻かれた木製の頭がついた円筒を45度の角度にかたむけ、哺乳瓶からミルクが出るようになっている人形を、もう一方は、頭つきでビロードの布で包まれたミルクの出ない人形を用意しました。すると子ザルはほとんどの時間を布製の人形に抱きついており、ミルクを飲むときだけ針金の人形に近づくものの、飲み終わると再び布製の人形に戻っていることが観察されました。すなわち、子ザルはぬくもりの感じられる布製の人形を好んでいたことから、人間の場合でも、接触によって得られるぬくもりが、親子の愛情を育んでいく、とハーローは考えたのです。

ボウルビィの愛着理論

さて、こうしたいくつかの理論が提唱されていたなかで、1969年にイギリス人の小児科医であった**ボウルビィ**が提唱した理論は、今日の愛着理論の基礎となる重要なものとなっています。彼は**愛着**（**アタッチメント**）とは「人が生まれてから数ヶ月のあいだに特定の人（母親や父親）との間に結ぶ情愛的な絆」と定義しました。

赤ちゃんは、身近にいる母親あるいは父親に対して多くの働きかけをしてきます。たとえば、不快なことがあったときには泣いたり、うれしかったときには微笑んだり、心配になったときにはじっと母親を見つめる、といった働きかけです。そうした子どもが送ってくる信号（シグナル）を、母親がどのように受け止めるかが愛着形成をうながす鍵となるとボウルビィは考えたのです。また彼は愛着は左の図に示す4段階を経て発達していくと述べています。

内的ワーキングモデル

ボウルビィの愛着理論は成人の愛着関係にまで発展していきました。これは幼少期の親との愛着関係は心のなかに内在化され、大人になって家族以外の人との関係を築くうえで大切な役割を果たすという**内的ワーキングモデル**（ＩＷＭ）という考え方です。

幼いころに親とどのような愛着関係を築けたかが、その後の対人関係の基礎となっていくのです。

ボウルビィの愛着の発達過程

第1段階（誕生から生後8～12週まで）

誰に対しても同じような反応を示す

にっこりしたり、じっと見つめたり、目を追ったりといった反応がみられる。

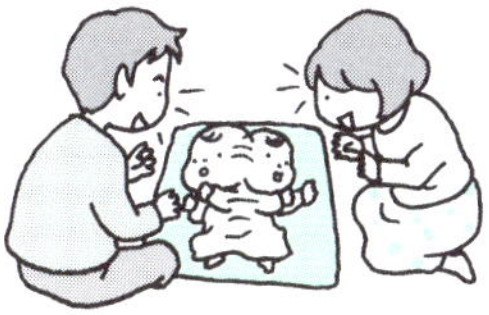

第2段階（生後12週ごろから6ケ月ごろまで）

特定の相手に愛着を抱きはじめる

特定の人（母親や父親）に対して、他の人よりもにっこり微笑んだり、よく声を出して反応したりする。愛着を抱いていない相手に対して人見知りをする。

第3段階（6ケ月ごろから2、3歳ごろまで）

特定の人に愛着をもち、常にその人と一緒にいたいという態度を示す

特定の人（母親、父親）の姿が見えないと泣き出すが戻ってくるとうれしそうに近づく。接触を求める。

第4段階（3歳ごろから）

離れていても心のなかに特定の人との絆ができてくる

特定の人との絆を心のなかにもち続けられるため、姿が見えなくても泣かなくなる。

愛着のタイプ

愛着の質にもタイプがある

愛着の質を測るストレンジ・シチュエーション法

実際の親子がどのような愛着関係を築いているのか、その愛着の質を明らかにする方法としてアメリカ人の**エインズワース**が考案した**ストレンジ・シチュエーション法**が有名です。はじめての場所、知らない人、母親が不在といった状況は、幼い子どもにとっては非常に強いストレスになります。ストレンジ・シチュエーション法は次の場面からなる状況を実験室でつくりだし、その様子を観察する方法です。

実験場面（8つの場面より構成されている）

母子で遊んでいるところに知らない人（ストレンジャー）が入室。母親が退室し、ストレンジャーと子どもが二人になる。再び母親が入室しストレンジャーが退室。母親も退室し、子どもがひとりになる。3分後、ストレンジャーが入室し子どもを慰めて退室。母親が入室して2回目の母子再会をする。この実験から子どものタイプは**安定群・回避群・アンビバレント群**に分類されます。

ところが最近の研究で、これらの3群に分類できない親子がいることが明らかになってきました。それを**D群**（disorganized/disoriented）とよびます。

メインとソロモンは、D群の母親は、うつろに立ち尽くしたり、急に声の調子を変えたり、顔をゆがめたり、無反応だったりして、子どもをおびえさせてしまうと述べています。虐待傾向がみられる母子には、このD群が多いという報告があります。

愛着のタイプと子どもの特徴

A 群：安定群

母親がいるときは活発な探索行動をする。母親がいなくなると泣き、探索行動は減少する。母親が戻ってくるとうれしそうにし、また活発な探索行動をはじめる。

B 群：回避群

母親がいなくなっても泣かずに、母親が戻ってきても歓迎もせず、むしろ母親を回避するような行動をとる。

C 群：アンビバレント群

不安傾向が強く、母親にくっついていることが多いため探索行動はあまりしない。母子分離時には激しく泣き、再会時には怒りや反抗的な態度を示す。極端に母親にべったりする一方で拒否的な態度を示す。

D 群：無秩序・無方向群

顔をそむけながら母親に近づくという接近と回避行動が同時にみられる。また不自然でぎこちない動きがみられる。おびえた表情をするときがある。

養育者の子どもへの関わりの特徴

A 群の養育者は子どものシグナルに敏感に反応し適切な対応ができている。B 群と C 群の養育者は子どもからのシグナルに鈍感であったり無視する対応がみられる。D 群の養育者は精神的に不安定で、突然表情が変わったりする。

コラム

お酒やタバコが胎児に与える影響

妊娠中に、長期間もの間、多量のアルコールを摂取し続けると、胎盤を通じてさまざまな影響をお腹の赤ちゃんに与えてしまいます。胎児は未熟な肝臓器官しかもっていないので、お母さんが飲んだアルコールを分解できないことが原因のようです。

慢性的にアルコールを摂取していた妊婦から中枢神経の異常をともなう障害をもって生まれた子どもを、**胎児性アルコール症候群**（fetal alcohol syndrome：**FAS**）とよんでいます。FASと診断される子どもは、①身体的発育障害（体重・身長・頭囲）、②顔面の形成障害（小頭症・小眼球症・薄い上口唇・平坦な上顎部）、③中枢神経系障害（知能障害・発達遅延・神経学的異常）という3つの障害をもつ場合が多いようです。

お酒と同様に、妊娠中の喫煙も身体に悪影響を及ぼします。妊娠中にタバコを吸っていると低出生体重児が生まれる頻度が非喫煙妊婦に比べて2～4倍高いことがわかっています。また、タバコに含まれる有害物質が脳の中枢神経に影響を与え、乳幼児突然死症候群による死亡率も高いといわれています。

「ちょっとなら大丈夫」とお酒やタバコに手を出すと、生まれてくる子どもに取り返しのつかない事態が発生しないとも限りません。

妊娠がわかったら、お酒やタバコはなるべく控えましょう。

Part3

幼児期の発達

本章では、「赤ちゃん」の身体的発育、情緒的発達を探ってみましょう。

子どもの手足はどう発達する?

手の動きはどのように発達するのだろう?

子どもが上手にお箸を使えるようになるにはかなりの時間がかかります。なぜなら、子どもがスプーンやお箸を上手にあやつるまでには、ある一定の発達過程をたどる必要があるからです。

まず、ものを握れるようになる第一歩は、新生児の**把握反射**です。しかしこれは**原始反射**の一種であることから、生後4ヶ月ぐらいで消失し、今度は自分から物をつかもうとする運動へと変化していきます。その運動は「**目と手の協応**」とよばれており、つかみたい物と手との距離を理解し、つかみたい物の位置に合わせて腕を伸ばすことを意味しています。この「目と手の協応」と、指の筋肉の機能的向上の両方が備わって物をつかむ行為ができるようになるのです。ハルバーソンは赤ちゃんが積み木をつかめるようになるプロセスを分析しています（左ページの図参照）。

また、子どもにとって適切なお箸は子どもの手の幅の3倍ぐらいの長さです。プラスチックはすべってしまうので、竹や木製のものがよいといわれています。お箸は日本人の必需品ですが、子どもにとっては難しい動作ですから、急に上手にお箸を使うことはできません。食事のたびに「お箸のもち方がおかしいから直しなさい」と言われたら、子どもは食べることすら嫌になってしまいます。

上手にできたらたくさん褒め、子どもの成長を温かく見守ってあげましょう。

つかみ方の発達

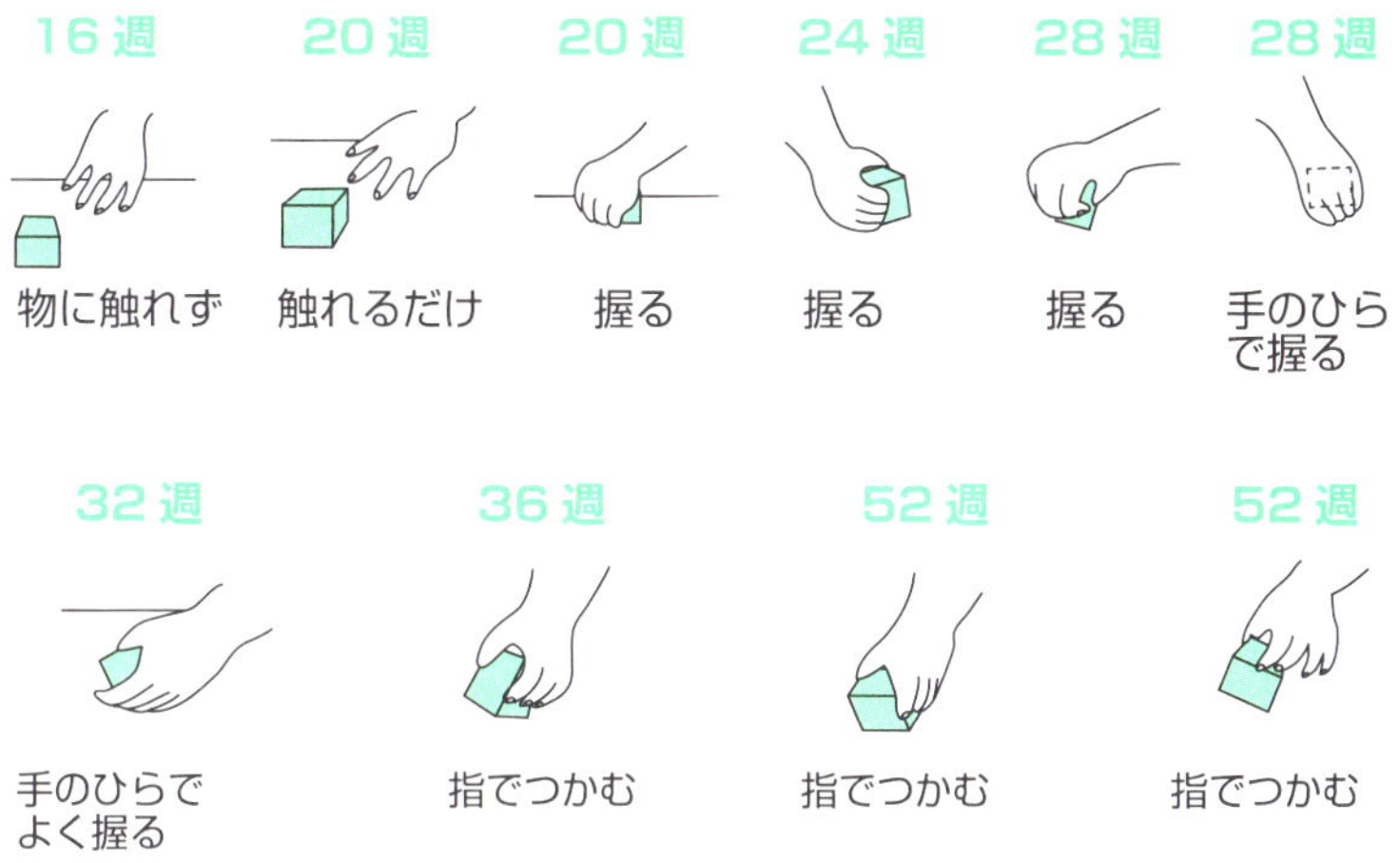

（ハルバーソン、1931）

利き手はどうやって決まる？

利き手は、遺伝的要因と環境的要因が複雑にからみ合って決定されると考えられています。ちなみに、左利きの人の割合は、民族に関わりなく、約10％を占めているようです。

利き手が確立するのは７～８歳以降であり、それまでの段階で左手を使っているからといって、かならずしも左利きになるとは決まってはいません。もし左利きを変えさせるとすれば、幼児期にはじめるのが望ましいといえましょう。

ただし、その際は子どもの心理的負担を十分に考慮した指導が必要になります。

◯足の動きはどのように発達するのだろう？

赤ちゃんの足は、小さくてかわいらしくやわらかいのが特徴です。そして足全体のなかでゆび趾《あし》の占める割合が大人よりも大きく、かかとの占める割合が小さくなっています。つまり成長するにつれ、かかとが長くなっていくのです。そのため、乳児の足のゆび趾の握力は強く、大人の10～15倍あるといわれています。

また、生後まもない乳児の足がとてもやわらかいのには理由があります。これは、乳児の足はほとんどが軟骨であり、その軟骨を肉が包んでいるためです。しかし、その足は成長するにしたがって軟骨にカルシウムが蓄積され、骨に変化（骨化）していきます。

じつは幼児の足には大人よりも多くの骨が存在しています。親指を例にとると、大人の骨は２つですが、子どもには４つの骨があります。骨化は軟骨を骨に変え、骨を新しくつくり出すだけでなく、小さな骨を大きくし、骨と骨とをかみ合わせて、２つの

土踏まずが未形成の子ども

土踏まずは正式には**足底弓蓋**（そくていきゅうがい）といい、骨、関節、筋肉、靭帯などが一体となったヒト以外の動物にはない機能的なシステムです。人間は生まれたときは誰もが偏平足なのですが、成長にともない、２本の足で立ちます。歩きはじめるようになると、足の裏の脂肪が徐々にうすくなり、筋膜、靭帯および筋肉が強化されて足の骨格を固定し、踵骨を引き上げて土踏まずが形成されていくのです。野田は土踏まずの機能には次の４つがあると説明しています。

①跳んだり・飛び降りたりしたときの衝撃をやわらげるクッションの役目

②足部を保護する役目

③歩行時における「あおり動作」の効率を高める役目

④立った姿勢での体重の支持機能（立っているときの姿勢を保つなどのバランスをとる役目）

土踏まずの形成

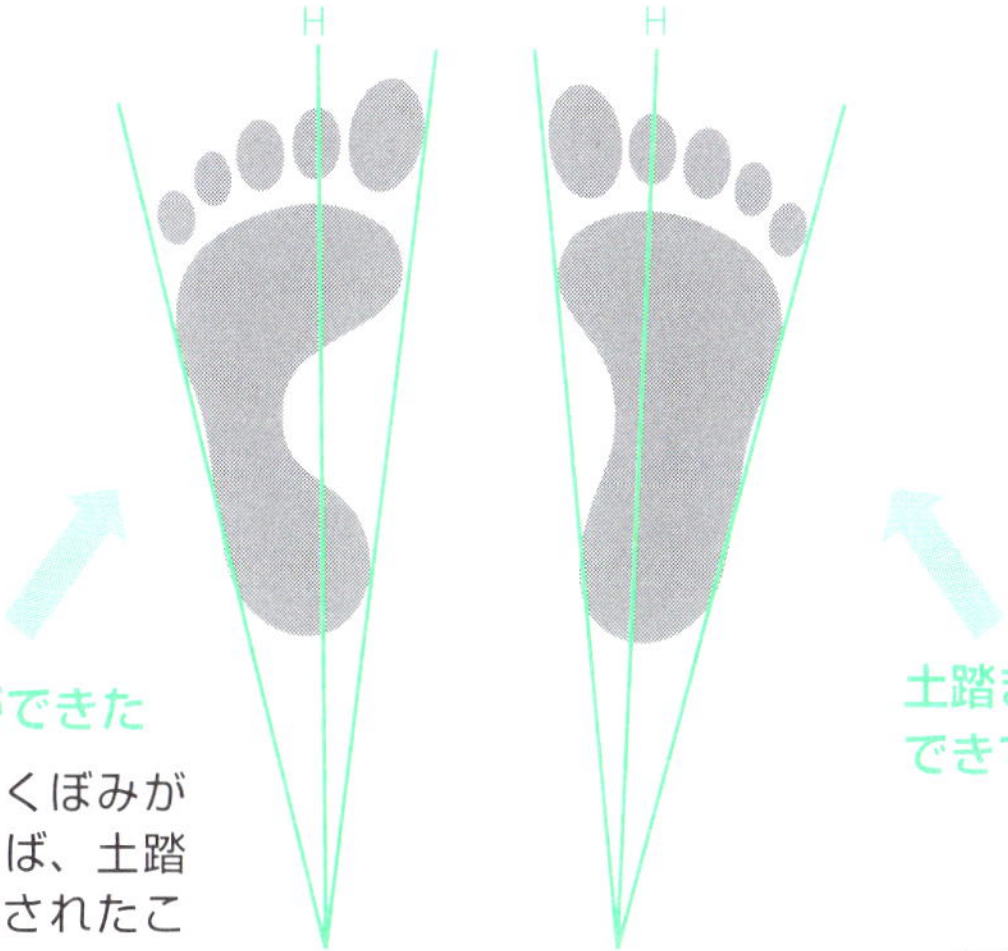

土踏まずができた

Hの内側にくぼみができていれば、土踏まずは形成されたことになる

土踏まずができていない

（野田、1998）

骨がひとつの骨へと変化していきます。この骨のかみ合いが進むのが4～13歳のころで骨化が完全に終了するには18歳ごろまでかかるとされています。

大谷は、子どもの足は3歳くらいまでの間に著しい成長を遂げ、生後5ヶ月～満2歳ごろまでに約20㎜、2～3歳までの1年間に約14㎜長くなると報告しています。その成長にともなって、活動性もどんどん高くなっていきます。

0歳代ではハイハイやつかまり立ちができるようになり、1歳になると不安定ながら歩けるようになります。1歳半～3歳半にかけて、しだいに安定して歩けるようになり、4歳半～6歳にかけては、ジグザグに走ることや円運動をするなどの多様な動きができるようになります。このような足を使った運動を支えているのが、土踏まずです。

ところがこの土踏まずが十分に形成されていない子どもが急増しているようです。

移行対象

毛布やぬいぐるみがないと寝つけない子どもがいるのはなぜ？

お気に入りのもの・癖

くまのぬいぐるみ、汚れて真っ黒になっているタオルケットや枕がないと眠れないという子どもは多いものです。あなたも、幼いころにそうした「物」をもっていませんでしたか？

2～5歳までの子どもをもつ300名近くの母親への調査（黒川）によると、次のような癖やお気に入りの物があげられていました。

その一番目にあげられていたのが、指しゃぶり・爪噛み・舌吸いなどの「口に関わる癖」で38・9％。続いてタオルや毛布・ぬいぐるみといった「物への愛着」が33・4％、さらに母親の耳たぶや髪、腕や肘など「母親の体をいじる癖」が27・7％と報告さ

移行対象は子どもの成長の証!?

ウィニコットが述べているように「ひとりでいられる能力（a capacity to be alone)」が育つことはその後の子どもの発達にとても大切なことです。

母親と自分とが異なる存在であると認識する第一歩が移行現象なのです。ですから、真っ黒になった毛布やぬいぐるみを無理やり取り上げたりせず、温かい目で見守っていきましょう。

アメリカを代表する漫画にスヌーピーがあります。そこに登場するキャラクターのライナスはいつもタオルを引きずりながら指しゃぶりをしていますが、このライナスは発達心理学的な見方をすると、まさに移行現象を体験しているのです。

れています。

お気に入りの物・寝るときの癖はそう珍しいことではありませんが、じつは次のような発達心理学的意味もあるのです。

自分以外のものへ関心が移る「移行現象」

心理学の分野で子どもの癖や行動に着目し、それを「**移行対象**」という概念で説明しようとしたのがイギリスの児童精神科医であったウィニコットです。

生後2～3ヶ月ごろまでの子どもは自分のこぶしや指をしゃぶったりしますが、4ヶ月を過ぎるころから、枕カバーや毛布の端などを大切そうに握って放さなかったり、人形やぬいぐるみを肌身放さず大切に抱っこしたり、自分以外の対象物へ関心が移行するようになるのです。

このような現象を彼は「**移行現象**」、その際に使用される対象を「移行対象」とよんでいます。移行対象は、子どもに一体感を与え続けてきた母親の身代わりをしてくれるものであると考えられています。

日本における移行現象の発現率は約3割で、欧米に比べて低いという報告があります。その理由のひとつとして、日本では、欧米と違って昔から子どもに添い寝をする習慣があり、子どもが母親との一体感を長く保ち続けていることが考えられます。

ときどき
大人になっても
枕や毛布を
握って寝る人がいるよね

自己理解の発達

子どもはいつ自分を認識しはじめるのだろう？

1歳すぎから自分を認識しはじめる

3〜4ヶ月ごろまでの赤ちゃんは、鏡に映る自分を自分自身だとはわかっていないようです。ですから、鏡のなかに別人がいると思って鏡をたたいたり、顔を鏡に押しつけたりして様子をうかがうしぐさをします。しかし、1歳を過ぎると、鏡に映った姿は本物ではないことを認識できるようになり、1歳半ごろからは、鏡のなかの姿が自分であることをしっかりと認識できるようになります。それを解明する実験にマークテストとよばれるものがあります。

この実験は、次のように行われます。まず赤ちゃんが寝ている間にほっぺや鼻に口紅をつけておき、鏡の前に連れて行きます。ここで赤ちゃんが、塗られた口紅に触れることができれば、鏡に映っているのが自分であるという自覚が芽生えてきたことを意味し、触れられなければ、まだ自分だと認識できていないことになります。

自分の認識は他者との関わりで身につく

チンパンジーは、イヌやネコと異なり、鏡の映像を自分だと認識できるという報告があります。しかし、仲間から隔離されて育ったチンパンジーは、自己像の認識ができないそうです。鏡の自分に向かって怒って興奮したり、逆に怖がったりするのです。

このことから、自分であることの認識は生来のものではなく、他者との関わりのなかで身についていくものだということがわかります。

自己理解の第一歩

生後3～4ヶ月では鏡に映る姿を
自分自身だと認識できないが、
1歳半ごろからわかるようになる

「いや！」「だめ！」は子どもが成長している証拠

2～3歳になった子どもは、お母さんが「お風呂に入りなさい」と言えば「いや！」、「テレビを消しますよ」と言えば「だめ！」と言うことが多くなり、親を手こずらせます。

しかし、こうした態度はこの時期の子どもにみられる特徴で「**第一反抗期**」とよばれています。

反抗期がみられる理由は、「わたしとママとは別の人間なんだ」ということを徐々に認識しはじめているからであり、心理学的な言葉でいうならば、「**自我の芽生え**」の時期であるからなのです。

親からの指示に反対し、自分の意見を言えるようになることは、大人としての自分をしっかりもてるようになる準備段階でもあるのです。ですから、反抗的な態度を示す子どもを「わがままな困った子どもだ」ととらえるのではなく、自分を表現する力がついてきたことをむしろ喜ぶべきなのです。

自尊感情の発達

自分と親とは違う別々の存在だという意識が徐々に芽生えてくるにしたがって、自分のよいところや悪いところに目が向くようになっていきます。「まわりの友達に比べて自分はこんなことが上手だ」という気持ちも生まれてきます。そうした気持ちのことを**自尊感情**といいますが、親の声かけひとつでこの自尊感情は高くもなり、低くもなるのです。

たとえば、「○○ちゃんに比べてあなたの絵は下手だね」などと言われると、「ママの言うように自分は本当にだめな子なんだ…」と子どもは思いこむようになってしまいます。

「今の自分で大丈夫！」という気持ちを、子どもが小さいころから育てていくことが大切です。

自己主張・自己抑制の発達

自分の意見をしっかり言えるようになるのはとても大切なことですが、自己主張ばかりしていては友達関係がうまくいかなくなります。ですから自分の行動をコントロールすること（**自己抑制**）を身につけていかなければなりません。

自己抑制とは、ブランコの順番を待ったり、ほしいおもちゃを買わずに我慢できる力のことを意味しています。ところが困ったことに、自分の行動をコントロールできない子どもたちが急増しています。

その原因のひとつとして、少子化により、つい親が手を貸して自立する芽を摘んでしまったり、子どもがほしがるものをすぐに買い与えてしまったりする傾向があげられます。子どもは我慢しなくても、なんでも親が言うことを聞いてくれるというわけです。

ブロックという心理学者はこうしたゆるいしつけを**アンダーコントロール**、厳しすぎるしつけを**オーバーコントロール**という概念で説明しています。親の養育態度として一番よいのは、両方がちょうどよく、バランスがとれていることです。

次の子育てチェックテストを使って、あなたのお子さんへの接し方を考えてみてください。

子どもへの養育態度チェックテスト

あなたは普段お子さんに対してどのような態度をとっていますか？

次の４つの選択肢からもっともあてはまる番号を選び、□に数字を入れてください。

4「非常にそうである」3「かなりそうである」2「あまりそうではない」1「まったくそうではない」

オーバーコントロール項目（oc）

1.「やりなさい」と命令口調になっていることがある □
2. 何かさせるとき、わけを話さずさせていることがある □
3. 子どものいいわけは認めない □
4. 子どものためにならないものは与えないことにしている □
（例：おもちゃ）
5. 子どもを叱るときにたたいてしまうことがある □
6.「母親は怖いものだ」と子どもに思わせるようにしている □
7.「あれはダメ」「これはダメ」と禁止することがある □
8. 子どもにあれこれ指示を出すほうだ □

oc の合計得点 □

アンダーコントロール項目（uc）

1. 子どもには好きなだけテレビやビデオを見せている □
2. 子どもの寝る時間はその日によって違っている □
3. 子どもが食べ残してもうるさく言わない □
4.「ま～いいか」と思い、子どもを叱らずにいることがある □
5. 子どもが嫌がることは無理やりさせない □
6. 子どもがほしがるものがあれば、つい買ってしまう □
7. 子どものやりたいこと、したいことを優先させている □
8. 子どものわがままを聞き入れてしまう □

uc の合計得点 □

oc 項目の得点が 21 点以上の人は厳しすぎ、uc 項目の得点が 25 点以上の人は甘やかしすぎている傾向があります

思考の発達

子どもの思考能力はどう発達するの?

ピアジェによる思考の発達段階理論

1896年にスイスで生まれた**ピアジェ**は、10歳ですでに白スズメに関する論文を発表し、1918年に軟体動物研究で博士号を取得しています。彼は、子どもの思考の発達過程を系統立てて明らかにし、発達心理学の発展に非常に大きな貢献をしました。

具体的な彼の理論は、左ページに示した4段階から構成された**思考の発達段階**です。そのなかでも前操作期にみられる**自己中心性・アニミズム・物の保存の概念**は、幼児期の子どもの特徴を的確に説明しています。子どもの養育に日々関わる親や教師は、ピアジェ理論をしっかり理解しておくことで、子どもとよりよい関わり方ができるはずです。

物の保存の実験

最初に、2つの容器の液体が同じ量であることを確認させてから
一方を細長い容器に移す
どちらの量が多いかを尋ねる
同じ
同じ
ちがう
ちが〜う

2〜7歳ぐらいまでの子どもは、見た目で判断して答える。ピアジェは、これを物の保存の概念がまだできあがっていないからだと説明している。

ピアジェによる思考の発達段階（1936）

感覚運動期（0～2歳）

●原始反射を使って外界へと働きかけをする。たとえば口唇探索反射を使っておっぱいを飲む。
●単純な動作を試行錯誤しながら何度もくり返す「循環反応」がみられる。徐々に2つの動作を合わせて目的をスムーズに達成できるようになる。

前操作期（2～7歳）

●自分の立場から見た関係なら理解できるが、他者からの見方を理解できない。思考の基準が子ども自身にある（＝自己中心性）。
●イメージによって思考をする時期。無生物にも生命があると思う「アニミズム」という考え方をもっている。
●物の保存の概念が不十分。見た目に惑わされて判断をし、論理的に考えることが難しい。

具体的操作期（7～11歳）

●保存の概念が確立される。見た目ではなく論理的に物事が考えられるようになり、複雑な関係性も理解できるようになる。
●物事をカテゴリーによるひとつのまとまりとしてとらえることもできるようになる。たとえば、ブルドッグ、テリア、秋田犬はすべて「犬」というカテゴリーに属していると理解できる。

形式的操作期（11歳～成人）

抽象的な概念であっても、仮説を立てて系統的にみていくことで論理的に物事が考えられるようになる。

ワトソン

恐怖心はどうやって生まれるのだろう?

ワトソンによるアルバート坊やの恐怖条件づけ実験

人によって苦手なもの、嫌いなものはさまざまです。たとえば、鳥が苦手という人がいたとします。しかし赤ちゃんのころから鳥が嫌いだったわけではないのです。

人がある特定のものに恐怖心を抱く理由を、**ワトソン**は**アルバート坊やの条件づけ実験**から明らかにしました。

これは、最初にウサギを見せても怖がらなかった乳児に、ウサギを見せると同時に金属音(ハンマー)を聞かせる操作をくり返し行うというものです。

その結果、乳児はウサギを見せられただけでも逃げ出したり、泣き出したりするようになってしまったのです。さらに悪いことには、白い犬や白い髭を生やした人を見ても泣き出すようになってしまいました。

この実験から、恐怖心などの情緒は学習によって植えつけられること、環境によって人の情緒が形成されていくことをワトソンは導き出しています。

このことからわかるように、鳥や犬、猫が苦手という人は、幼いころに恐ろしい体験をしたり、親が嫌いだったために嫌なイメージを植えつけられたりしている場合が多いのです。

この実験ですっかりウサギや白いものへの恐怖心を植えつけられてしまった子どもは、その後どうなってしまったのでしょうか。現代では、こうした実験を行ってはいけないことになっています。

ワトソンによるアルバート坊やの恐怖条件づけ実験（1920）

生後９ヶ月の
アルバートにウサギ
を見せる

アルバートがウサギ
に触ろうとすると大
きな音でビックリさ
せる

何度かくり返す

驚いて泣く

ウサギを見ただけで
怖がるようになる

心の理論

子どもはいつごろから相手の気持ちがわかるようになる？

「自分・もの」から「自分・人・もの」へ

「お友達のお菓子を食べてしまったら、相手がどんな気持ちになるのだろう」といった相手の心を推測できることはとても大切なことですが、その他者理解のメカニズムを説明したものが「**心の理論**」です。心の理論が成立するのは4歳ごろですが、そこに至るまでにはいくつかの大切な発達プロセスを経ることになります。ではそのプロセスをたどってみましょう。

生まれて間もない赤ちゃんでも、人の顔や視線に対してとても興味を示すことがわかっています。そして生後9～10ヶ月ごろになると「自分と人」、「自分・もの」という「**二項関係**」から発展して、人を媒介にしてものに向かう「自分・人・もの」という「**三項関係**」ができあがってきます。

たとえば、お母さんが大きな真っ黒なイヌを発見し、それを見つめている視線を赤ちゃん自身が追うことができるようになりますし、逆に、赤ちゃん自身が興味を示したものを指さして、お母さんに知らせることもできるようになります。

また、ときには自分では届かないものをとってもらいたいという欲求があると、指をさしてそれをとってもらおうとするようになるのです。

こうして、子どもは他者の視線を追ったり指さしができるようになり、他者と一緒にものに注目すること（**共同注意**）ができるようになっていきます。これは自分、他者、ものとの三項関係のなかで、他の人には自分とは違う興味と関心があることに

三項関係

生後9～10ヶ月で「自分・人・もの」という三項関係ができあがる

三項関係ができあがる＝相手の心を理解する基礎がつくられる

気づくようになってきたことを示しています。そうするうちに、他者がどのようなことに興味や関心を抱いているのかを読み取ろうとするのです。

こうした行動によって、相手の心を理解するための基礎がつくられていきます。

2歳ごろから頭でイメージする力が芽生える

さらに2歳ぐらいになると、子どもは「ブーブーブー」というクラクションの音を口で真似しながら積み木を自動車や電車に見立てて遊ぶようになります。子どもの頭のなかでは以前、自分が乗った電車や家のクルマを思い浮かべながら遊んでいるのです。

つまり、積み木のクルマがシンボル（象徴）として頭のなかでイメージできるようになってくるので、こうした遊びは「**見立て遊び・ふり遊び**」とよばれています。指さしに続くこの象徴能力の発達も、これから説明する「心の理論」の基礎となるものです。あるものを別のものに見立てるということは現実ではない「嘘」「虚構」の世界です。

子どもは頭のなかでイメージをつくりながら別の世界を想像することができるようになるわけです。

心の理論～4歳ごろから「誤信念」をもつ～

4歳ぐらいになると、人は現実とは異なった信念（**誤信念**）をもつこと、そしてその誤信念にもとづいて行動するようになることがわかってきます。この誤信念を調べるのによく使われる課題は次のようなものです。

「サリーが出かけている間に、アンがやってきて、サリーがバスケットにしまっていたチョコレートをおもちゃ箱のなかに移してしまいました。外から戻ってきたサリーはチョコレートを食べたいと思ったのですが、どこを探すでしょうか」

サリーはチョコレートがバスケットからおもちゃ箱に移されていることを知らないので、正解は「バスケットを探す」です。すなわちサリーが現実（チョコレートはおもちゃ箱にある）とは異なる誤信念（チョコレートはバスケットのなかに入っている）をもっていることをわかれば正しく答えることができるのです。つまり、4歳ごろから相手の気持ちが徐々にわかるようになります。

この思考のプロセスは3歳代ではまだ難しく、4歳代になると可能になると考えられています。さらに誤信念の発達は、きょうだい数、愛着の安定性、言語能力などとも関連していることが指摘されています。

自閉症児は
誤信念を理解できないと
いわれているよ

誤信念理解を調べる実験

Q サリーは、チョコレートがどこに入っていると思って探すでしょうか？

1 サリーがチョコレートをバスケットのなかにしまう

2 サリーが出かけている間にアンがやってきてチョコレートを取り出す

3 アンがチョコレートをおもちゃ箱に移してしまう

4 その後サリーが戻ってくる

３歳以前では、ほとんどの子どもが「おもちゃ箱のなか」と答えます。「バスケット」と答えられるようになるのは４歳ごろからです。

（バロン―コーヘン他、1985）

内言・外言

子どもはなぜ「ひとりごと」を言うのだろう？

ひとりごとは7つに分類される

遊びながらひとりで歌を歌っていたり、お絵かきをしながらその絵のことを話したり…と、よく子どもはブツブツと**ひとりごと**を言います。いったい何を話しているのでしょうか？　岩淵・村石はひとりごとを7つに分類しています（左ページの図参照）。

内言・外言

言語はコミュニケーションの道具として使われるだけではなく、ものごとを考えたり自分の行動を調整するための道具としての役割も担っています。

コミュニケーションの手段として使われている言語を「**外言**」といい、声に出さずに心のなかで考えるときに発せられる言語を「**内言**」といいます。

そして3歳ぐらいの子どもが、外言だけではなく内言を獲得していく過程でみられるのが、先に述べたひとりごとです。

ピアジェとヴィゴツキーの論争

子どもがなぜひとりごとを言うのかをめぐっては、**ピアジェ**と**ヴィゴツキー**の論争が有名です。

ピアジェは他者とのコミュニケーションを目的とした社会的言語活動のほかに、非社会的言語活動（独語）があることを明らかにしました。そしてこの非社会的言語活動は、子どもの自己中心性が反映されたものであると彼は考え、こうした言語活動を「**自己中心語**」と名づけています。幼児

ひとりごとの7つの類型

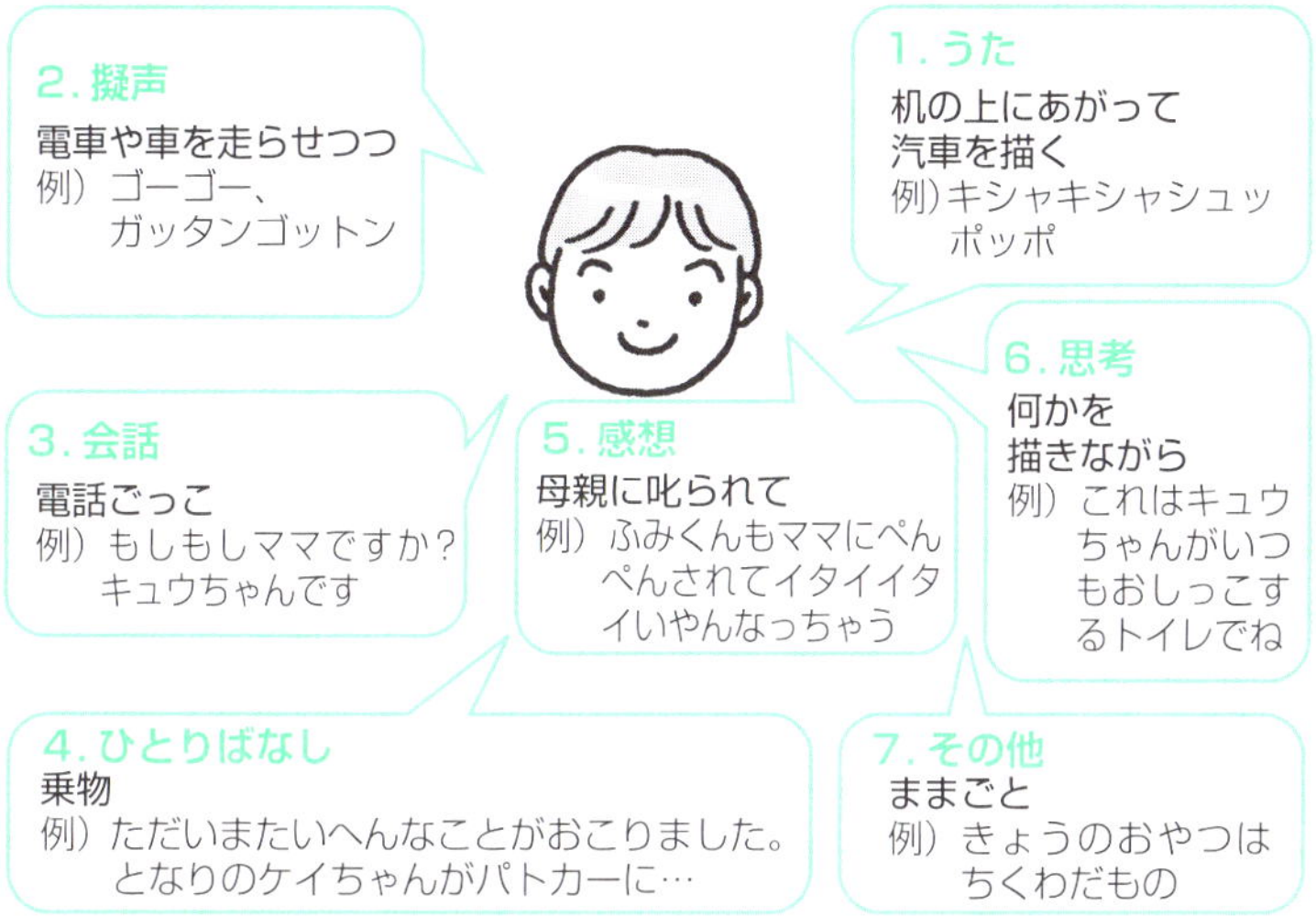
1. うた
机の上にあがって
汽車を描く
例）キシャキシャシュッ
ポッポ
2. 擬声
電車や車を走らせつつ
例）ゴーゴー、
ガッタンゴットン
3. 会話
電話ごっこ
例）もしもしママですか？
キュウちゃんです
4. ひとりばなし
乗物
例）ただいまたいへんなことがおこりました。
となりのケイちゃんがパトカーに…
5. 感想
母親に叱られて
例）ふみくんもママにぺん
ぺんされてイタイイタ
イいやんなっちゃう
6. 思考
何かを
描きながら
例）これはキュウ
ちゃんがいつ
もおしっこす
るトイレでね
7. その他
ままごと
例）きょうのおやつは
ちくわだもの

（岩渕・村石、1986）

期にはこの自己中心語はかなり多くの部分を占めていますが、思考や言語活動が社会化されるようになる小学生になると急速に減少していくと、ピアジェは考えました。

一方、旧ソビエト連邦出身のヴィゴツキーは、ピアジェとは異なる解釈をしました。彼は子どものひとりごとは何か困った場面や、問題を解決しようとする場合に多いこと、さらにその発言は自分自身に言い聞かせるように断片的につぶやいていることを見出したのです。

つまり、ひとりごとは子どもが一生懸命に自分で問題を解決しようとする過程で、内面化が不完全なままの形であらわれた「内言の原型」であるととらえたのです。ヒトは、コミュニケーションの手段として言葉を獲得しようとしますが、その言葉は5〜6歳ぐらいになると、伝達手段としての「外言」と思考の手段としての「内言」に分かれていくというわけです。ピアジェは後に、ヴィゴツキーの考え方を受け入れるようになりました。

遊び

子どもの遊びと発達

遊びが子どもを伸ばす

あなたは小さいころどんな**遊び**をしていたか覚えていますか？

辞書で「遊び」と引いてみると、「のんびりする意の語源（悠）からきている」と書かれています。「のんびり」ですから時間に縛られることなく、気の向くままに好きなことをするのが本来の遊びの目的です。子どもの遊びは生活のすべてであるといわれます。子どもたちが無我夢中になって遊んでいる姿はじつに楽しそうで、大人には真似できないよい表情をしています。

子どもは、遊びを通じて幼児期に必要なほとんどの要素、社会性・自立性・知的能力・運動能力・情緒などを自然に身につけていきます。

たとえば、同年齢集団のなかで自分が果たすべき役割や責任を自覚し、社会的ルールを守る態度を理解できるようになります。友人と鬼ごっこをして思いっきり走ったり、縄跳びをしたりすることで自然に足・腕・手を使い運動能力を発達させることができます。自由遊びで自分を表現することによって、欲求不満を解消したり、自己充実感を味わうことができるようになります。

このように、遊びは子どもの多面的な能力を総合的に発展させるすばらしい力をもっているのです。

ピアジェとパーテンの遊びの分類

遊びは、左ページの図のように分類できます。

遊びの分類

ピアジェ	
第一段階「機能遊び」	感覚への刺激や身体を動かす運動がそのまま遊びになるような活動をさす。たとえば乳児が身近にあるものをなめたりすること。ボタンを押すと音が鳴ったり、動物が飛び出してきたりするものなど。
第二段階「象徴遊び」	模倣、見立て、ごっこ、想像、空想などがともなう遊び。子どもがままごとをしたり、○○マンごっこをしたりして遊ぶことは、子どもの遊びの黄金期である。
第三段階「ルール遊び」	ルールのあるゲームなどの遊び。鬼ごっことかトランプといった遊びがある。

パーテン	
何もせずぼんやりしている	遊んでいるとはいえ、何かをぼうっと見ているような行動をさす。
ひとり遊び	他の子どもが話せる距離にいるが、一緒に遊ぼうとせずにひとりで遊んでいる行動をさす。2歳半ごろ多くみられる。
傍観者的遊び	他の子どもの遊びを見て、大半の時間を過ごす。見ている対象の子どもに話しかけたりはするが、遊びに参加することはない。2歳半～3歳に多くみられる。
並行遊び	複数の子どもが並行して遊びをする状態をさす。そばで同じ遊びをしていても、それぞれの子どもが自分の遊びに夢中で、お互いに関心を示さない。
連合遊び	集団の遊びのひとつで、明らかにグループに属している者の間には共通の行動・興味や仲間意識が認められる。一緒に遊んだり遊具の貸し借りもあるが、遊びでの役割分担や組織化はまだみられない。
協同遊び	グループでの役割分担や主従関係での組織化がある程度なされ、何をやり遂げるかという目的が明確。ルールのあるゲームでは、味方と敵の区別も自覚されている。

パーテンは、2〜5歳までの子どもが、仲間関係をどのように発展させていくかという視点で研究し、遊びを次の6つに分類しました。

「何もせずぼんやりしている」「**ひとり遊び**」「**傍観者的遊び**」「**並行遊び**」「**連合遊び**」「**協同遊び**」。パーテンによれば、2〜3歳では「ひとり遊び」や「傍観者的遊び」「並行遊び」が多くみられ、4〜5歳になると「連合遊び」や「協同遊び」が急激に多くなると説明しています。

また、子どもの知的発達について理論化したピアジェは、遊びも知的発達にともなって前ページの図のように「**機能遊び**」「**象徴遊び**」「**ルール遊び**」と、3段階で変化をしていくと述べています。

ごっこ遊びで「心の理論」を学ぶ

ごっこ遊びは、ピアジェも象徴遊びのひとつとして取り上げており、子どもの遊びの最大の特徴といえます。なぜならば、幼児のごっこ遊びには、ことばの発達、認知・社会的発達、情緒的発達がさまざまな形で表現されているからです。

まず、1歳半ごろになると、「**ふり**」（遅延模倣〜時間をおいて他の人がやっていたことを再現すること）がはじまります。

たとえば、母親の真似をしてお化粧する「ふり」をする女の子がいますが、それがこの**遅延模倣**の例です。これは自分の頭のなかで、イメージ（表象）を思い描くことができるようになってくるとあらわれてきます。

またこの時期、男の子は積み木やブロックを自動車に見立てて「ブーブー」と楽しそうに遊んだりします。これは両親と一緒に車に乗った体験をイメージし、積み木を車に見立てて再現しているのです。

遊びに物語性が出てくる2歳半〜3歳の時期

2歳半〜3歳ごろになると、見立てと「ふり」を組み合わせ、遊びのなかに物語性が出てきます。お家ごっこ、幼稚園ごっことといったテーマを決めたごっこ遊びがみられます。

そして5歳前後ともなると、ごっこ遊びの内容はさらに広がり、現実の生活の模倣ではなく、空想の物語をもとに遊んだりできるようになっていきます。
草むらで友達数人と秘密基地をつくった人も多いのではないでしょうか。
ごっこ遊びをするなかで、子どもたちは、相手の立場に立ったものの考え方である「心の理論」を獲得したり、自己主張することの必要性を学んだりしていくのです。

遊びは子どもの発達に
不可欠なものなんだね

おもちゃを通して創造性や社会性を身につける

時代とともに遊び道具も変わってきています。おもちゃの語源は「お玩（もち遊び）」であり、「子どもがもって遊ぶ道具」という意味です。由来としては、もて遊び→もち遊び→もちやそび→もちゃ→お・もちゃーと変化してきたものとされています。

おもちゃの種類としては、①素材玩具・構成玩具（土、水、積み木、パズルなど）②定型玩具（一般に完成品として市販されているもの）③模倣玩具（ままごとセットなど）④運搬玩具（箱車、手押し車など）⑤ゲーム玩具（トランプなど）に分類されています。

こうした数多くのおもちゃは、子どもが成長していく過程で重要な役割を果たしています。

たとえばおもちゃを使って遊ぶことで、心を開き、仲間をつくり、体や手足の機能を育て、創造性や社会性を身につけることができるのです。

絵の発達

子どもの描く絵はどう変わっていくの？

最初に描く母親の顔〜頭足人間〜

小さな子どもが描く絵は、じつに不思議です。「これがママのおテテでおメメだよ」と絵をプレゼントされますが、本物とは似ても似つかない顔、**頭足人間**が描かれています。2つの小さい丸は目、点は鼻、横に引いた線は口、それらを包み込む大きい丸は頭を含めたからだを意味しています。

太陽や花に目や鼻をつけているのはなぜ？

幼児期の子どもの特徴のひとつに、植物や動物を人間と同じように生命あるもの、心あるものとしてとらえる「**アニミズム**」という見方があります。このアニミズムのあらわれのひとつとして、子どもは車、魚などの動物、太陽などに目鼻をつけたり、ニコニコ笑っている顔をよく描くわけです。人間ではないものを人間のように描く表現を「**擬人化表現**」とよんでいます。

4歳は子どもの絵の黄金期

4歳ぐらいになると、言葉を使って物事を考えるようになるため、頭のなかにイメージが湧いてきてから描くようになります。

この時期の子どもの絵は、大人が真似をして描こうと思っても決して真似できないすばらしい想像力にあふれています。どの絵も子どもなりに精一杯描いているのですから、見せてもらったら、親はまず褒めてあげることが大切です。

子どもの絵の発達過程

1歳～2歳	**なぐりがき・錯画・スクリブル** ★手の運動による痕跡でたまたま描いた線の絵	
2歳～3歳	**意味づけ期・象徴期** ★線と線をつなぐ、閉じた○、といったように、はじめと終わりが描ける ★描いた絵に意味づけができる 例：本人「リンゴだよ」ママ「でもパンみたいよ」本人「そうそう､パン」と意味づけを簡単に変えてしまう。	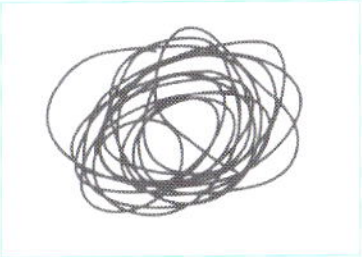
3歳～	**前図式期** ★3歳後半になると、描く前に意味を考えてから絵が描ける ★頭部人間～頭足人間が描ける ★太陽に顔を描いたりする（ピアジェのアニミズムのあらわれ）	
4歳	**子どもの絵の黄金期　図式期** ★円以外に三角、四角なども描けるようになり、レパートリーが増える ★頭のなかでイメージしたものを描くことができる ★羅列表現：１枚の画用紙にいろいろな絵を一緒に描く ★同存表現：以前のものと今のものとが一緒の画用紙上に描かれたりする	
5歳	★基底線（ベースライン）の登場（線分によって上下・左右に別の世界を描くこと） ★興味や関心をもったものだけを「知っているとおり」に描く	

アルシューラ／ハトウィック『子どもの絵と性格』2002（文化書房 博文社）をもとに作成

友人はどうやってつくるのだろう？

友人関係から社会性を身につける

幼児期になると、多くの子どもたちは同年齢の集団のなかではじめて生活することになります。そこではけんかやいざこざが絶えませんが、社会性の発達にとっては非常に大切な機会となります。

ではこの時期の友人関係をみてみましょう。

松井は、幼稚園児の自由遊び場面を観察し、3歳児では自分から相手の関心や興味を引くような働きかけを間接的に行うケースが多くみられると報告しています。たとえば「ブランコしよう」と直接誘うのではなく、「ブランコ空いているよ」と言ってみたりするのです。しかし4～5歳児になると、「いれて」と相手の許可を求めたり、「一緒に遊ぼう」と相手を誘ったりと、直接自分の意志をあらわすことが多くなってくるようです。

2歳からは友達との「隣り合わせ」を好む

また外山は、保育園の2歳児、4歳児の食事場面を観察し、子どもたちがどのように友達と席を決めるかを分析しています。この観察の結果、2歳児も4歳児も、対面あるいは斜めに相対する位置関係（タテの位置関係）よりも、隣り合わせあるいは直角に並ぶ位置関係（ヨコの位置関係）を好むことがわかりました。さらに2歳児は特定の相手が隣りに座ってほしいという働きかけをすることは少ないのですが、4歳になると「一緒に座りたい相手」が明確になり、その相手に対して一緒に座れるよ

保育所における座席の位置関係の例

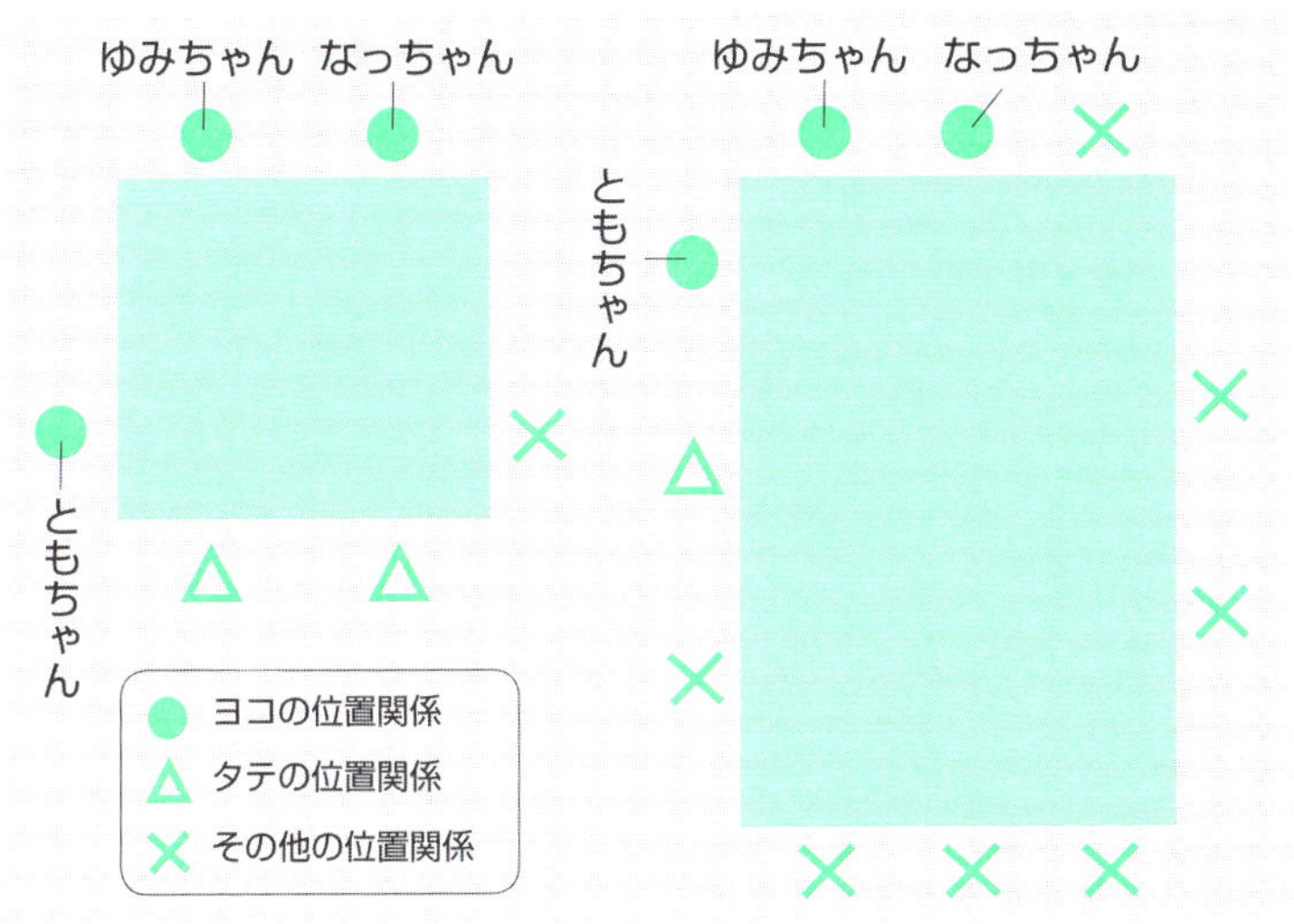

うに積極的に働きかけをしていました。

＊

先生「ゆみちゃん、この席（なっちゃんの対面）が空いているよ」

ゆみちゃん「ダメ。なっちゃんの横じゃなきゃダメなの」

先生「仲よしっていうのは、ご飯のときに横に座ることじゃないのよ」

ゆみちゃん「ちがうんだもん。仲よしっていうのは横に座って食べなきゃいけないんだもん」

＊

外山は、4歳児にとっては、隣りに座ってお互いがお昼ご飯を食べることが、仲のよさを象徴する行為であると説明しています。

けんかはどう解決する？

子ども同士が遊んでいれば、もめごとやけんかはつきものです。言い争いから取っ組みあいのけんかにまで発展することもあります。高坂は、3歳児のいざこざ場面を観察しました。

その結果、3歳児は、言葉を使う以外に「おもちゃを相手から遠ざける」、「おもちゃをしっかり握って放さない」、「おもちゃをもって逃げてしまう」、などの行動をとることを明らかにしています。

しかし、言語の発達が進む5～6歳になると、言葉を駆使して子どもなりにいざこざを解決しようとする様子がみられるようになってきます。

倉持は、5～6歳の幼稚園児の**いざこざ**を観察し、子どもたちがどのようなやり方でその小さな争いをおさめようとするかを検討しています。

そこでとられていた方略の例としては次のようなものがありました。

①先取り（争点になっているものを先にもっていたかどうかを示す）
②独占（「いっぱい使ってる」「1回も使ってない」などとひとり占めしていること、あるいはしていないことを示す）
③拒絶（「ダメ」などと相手の言動を拒否する）
④主張（「私の」「ほしいの」などと自分の主張を示す）
⑤先生（「先生に言うから」などと先生に告げることを示す）

観察でみられた特徴としては、「先取り」方略を使って自己主張することがいざこざをおさめるのに有効でした。誰が最初に使っていたかを明確にすることで、相手より自分が優位に立とうとするわけです。さらに遊び集団外で使用されていたのは、「限定」方略・「条件」方略でした。「すぐ返すから」と状況を限定したり「少しならいいよ」と時間的・量的な条件を提示するというやり方です。

友人関係は乳児期に成立する

3～4ヶ月	他の子どもを見る行動がみられる
5ヶ月	他の子どもをじっと見て、視線を交わす

↓

6～7ヶ月	ハイハイして相手に触る、触り返すといった身体的相互作用が頻繁になる
8ヶ月以降	他の子どもがもつおもちゃに近づいて取り合ったりする

↓

1歳代	相手が自分の仲間であるという認識が芽生えはじめ、おもちゃを介して相互作用がみられる
12ヶ月ごろ	おもちゃの交換や取り合いを中心とした関わり
15ヶ月ごろ	お互いに声をかけ、相手のまねをしたりする
18ヶ月ごろ	追いかけっこなどができる この時期、親が「安全基地」としての機能を果たしている

けんかを通して人間関係が磨かれる

子ども同士の**けんか**を見ていると、その発言はかなり辛辣《しんらつ》な内容です。大人なら傷つくようなことも、子どもは平気で言うことがあります。

しかし、こうしたけんかを通じて、子どもたちは相手を理解し、思いやる心も学びます。またすぐ隣りにいる仲間との関わりのなかから、人にはいろいろな性格特性をもった人がいることを知ります。そして、集団をうまく運営するためのルールについて学び、コミュニケーション能力を育み、我慢することを学んでいくのです。

子どものけんかに親は出るなと言いますが、昨今では、自分の子どもが幼稚園で友人とうまくいっていないと敏感に反応し、「うちの子はいじめられている」と先生に訴える人もいるようです。しかし、子ども同士でどうすればうまく問題を解決できるかを忍耐強く見守っていくことも、子育てには必要ではないでしょうか。

コラム

テレビアニメとジェンダー

「子どものころ、○○のアニメをよく観ていたの」「へー私も。じゃあ同じ世代だね」というように、子どものころに流行っていたテレビアニメによって、世代を選別していることはありませんか?

日本では「ドラえもん」「サザエさん」「ポケットモンスター」をはじめ、たくさんのテレビアニメが長年にわたって愛されてきました。

アニメの登場人物たちのキャラクターには、その時代においての男性の役割や女性の役割があらわれており、子どもの**ジェンダー**意識形成に大きな影響を与えているという研究報告がなされています。

藤村・伊藤の研究では、最近の子どもたちに人気のあるテレビアニメ番組『ポケットモンスター』『おジャ魔女どれみ』『遊戯王』を選び、その番組を次の項目で分析しました。

①登場人物の男女比　②せりふの回数　③登場人物の職業　④主要登場人物の外見的特徴と衣服　⑤性格特性、行動特性　⑥登場する人物の男女組み合わせパターン

たとえば④では、とくに男女による服装の違いがどの番組でもはっきりと描かれていると指摘されています。「ポケモン」と「遊戯王」に登場する女子はミニスカートやミニキュロットをはき、ロングヘアーで、髪の色もカラフルで明るい色彩で描かれています。それに対して男子はたいてい長ズボンで、色合いも白、黒、青、緑、茶といった落ち着いた色調で描かれています。ここにも男女の性差がはっきりと表現され、子どもにとって望ましいジェンダーの特徴が描かれているようです。

毎日大好きなアニメを見ているうちに、無意識に男性・女性のステレオタイプを身につけているとすれば、テレビ番組が子どもに与える影響の大きさを改めて考えてみる必要があるのではないでしょうか。

Part4

児童期の発達

本章では、自我が芽生え、自分の意思をしっかり
持ちはじめる児童期の特徴を探ってみましょう。

児童期とは？

児童期とはどのような時期か？

仲間と強い関わりをもつ「ギャング・エイジ」

児童期は、ちょうど子どもが小学校に通う時期をさしており、6～12歳までの6年間という短い期間をいいます。この期間に、身体的成長のみならず、知的・心理的にも大きな成長を遂げていきます。

そして小学生になると、徐々にではありますが、親よりも仲間が重要な位置を占めるようになってきます。この仲間関係は4～5人の同性であることが多く、密接で閉鎖的な場合が多いようです。そのグループだけに通じるルールをつくって他の友人を寄せつけなかったりすることもあります。

こうした小学生の中学年ぐらいにみられる閉鎖的な集団のことを**ギャンググループ**、この時期を**ギャングエイジ**とよんでいます。仲間との強い関わりをもつことは、社会生活の基本的ルールを学ぶ機会であると同時に、親から心理的に自立するきっかけともなるという点で、発達上とても大切です。

9歳の壁

小学校3～4年生ごろになると、急に算数も難しくなり、できる子どもとできない子どもとの能力差が目立ってくるようになります。**9歳の壁**というのは小学校3～4年生ぐらいの時期に直面する勉学上での問題のことをさしています。

この年齢のころに勉学上の問題を乗り越えられるかどうかがその後の学業成績の伸びに影響を与えることから、9歳の壁という言葉が使われています。

身長・体重の著しい増加

6歳をすぎるころになると、子どもの身長と体重は、著しく増加していきます。6～12歳までの間に、身長は40センチ以上伸び、体重も2倍以上になります。

人間の身体の成長は、身長・体重だけでなく性的な成熟を含めて青年期にほぼ完成するといわれていますが、近年では、ライフスタイルの変化にともない、子どもの発達が加速化しているといわれています。

小学生の成長曲線

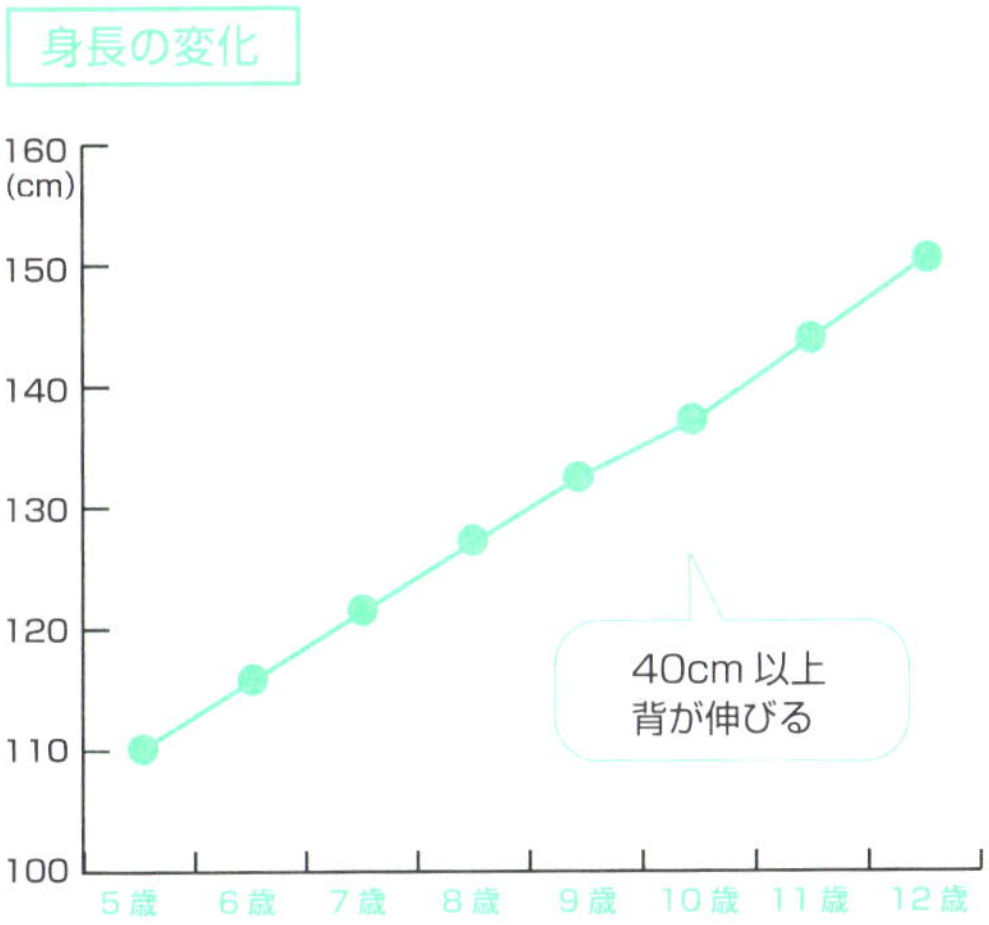

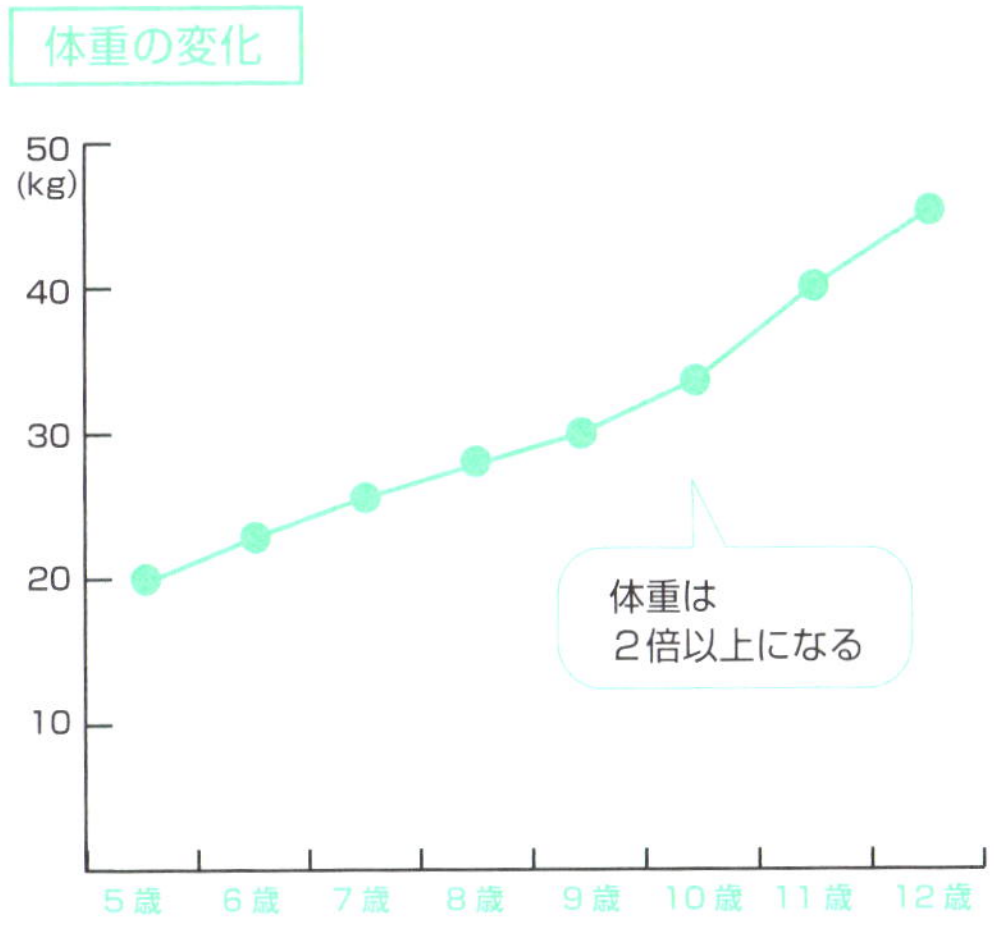

（平成 20 年度学校保健統計調査をもとに作成）

きょうだい

きょうだいが子どもの性格形成におよぼす影響

きょうだいはナナメの関係

あなたは何人**きょうだい**の何番目ですか？　もしきょうだいがいるならば、そのきょうだい関係は良好ですか。それとも疎遠でしょうか。

親と子の関係がタテの関係、友人と自分との関係がヨコの関係とするならば、きょうだい関係は**ナナメの関係**といえます。つまりきょうだいの関係は、きょうだい数、その性別、出生順位、年齢差によって規定されてきます。きょうだいの特徴についてみてみましょう。

二人きょうだいにみられる特徴

最近の日本では少子化が進んで、子どもの数も少なくなり、**ひとりっ子**か**二人きょうだい**が多くなってきました。飯野は二人きょうだいを次の4つのタイプに分類しています。

①保護・依存関係…「勉強を教えてもらう（もらった）」「何かのときに頼りに思う」など、きょうだいの一方が他方を助けたり保護する。兄と妹あるいは姉と弟の関係に多くみられる。

②対立関係…「けんかする」「いじめる（いじめられる）」といった対立する関係。ときには一方のきょうだいに対する恨みも含まれる。兄と弟の関係によくみられる。

③共存関係…「一緒に遊ぶ」「一緒に学校に行く」など、行動をともにする関係。保護・依存関係

とは対照的に、きょうだいが対等に付き合っているヨコの関係にもとづいている。姉と妹の関係によくみられる。
④分離関係…「一緒にいても口をきかない」「お互いの生活に干渉しない」など相互のやりとりが少ない関係。年齢差が大きいきょうだいや男同士のきょうだい関係によくみられる。

また二人きょうだいの性格特性として、次のような特徴があげられています。

①長子的性格…口数が少なく、人の話の聞き手に回ることが多い。仕事をするときに失敗しないようにする。何かをするときには人の迷惑を考えてする。面倒なことはなるべくしない。ほしいものがあっても遠慮してしまう。
②次子的性格…おしゃべり。人に褒められるとすぐに調子にのる。人まねが上手。自分の考えを押し通す。親に甘えるのが上手。

中間子にみられる特徴

中間子は両方のきょうだいに挟まれていろいろと大変です。親からは「ほら。おねえちゃんを見習って。しっかりしなさい」とか「弟の面倒をみなさい」などと言われ、自分に関心をもってもらえません。ですから自分を主張しないとやっていけないことを子どもなりにわかっているのです。

きょうだい関係を調査している依田によれば、中間子の特徴として、①よく考えないうちに仕事をはじめ、失敗することが多い、②面倒がらないで仕事を一生懸命にする、③気に入らないとすぐに黙り込む、などがあげられます。

ひとりっ子にみられる特徴

今の**ひとりっ子**が聞いたら怒り出すような話ですが、かつてきょうだいが大勢いることが当たり前だった時代、アメリカの心理学者スタンレー・ホールは「ひとりっ子であることは、それだけで病気である」といいました。

ひとりっ子の性格特性としては、「わがまま」「飽きっぽい」「協調性がない」「引っ込み思案」「慎重で完全主義」「競争心がない」「凝り性」などがあげられています。

子どものころからひとりで遊ぶことが多く、友人やきょうだいと、けんかをしたり我慢したりする経験が少ないことが、こうした性格特性を形成すると考えられます。

ふたごにみられる特徴

日本は世界のなかで**双生児**の出生率が少ないほうで、人口50人にひとりの割合といわれています。そ

ひとりっ子の母親は母親語（マザーリーズ）を使わない！？

正高は『ヒトはなぜ子育てに悩むのか』という著書のなかで、ファーガソンというアメリカの言語学者が明らかにした興味深い話を紹介しています。それによると、大人が乳幼児に話しかけたり、絵本を読み聞かせるときには、普段よりも声の調子が高くなって抑揚が誇張される（これを**母親語＝マザーリーズ**という）そうです。

この知見を受けて、正高は、きょうだいがいるなかで育った母親と、ひとりっ子で育った母親とのマザーリーズの使用について比較しました。

結果、きょうだいのいる母親では50人のうち47人がマザーリーズで絵本を読んでいたのに対し、ひとりっ子の母親では50人中27人にすぎなかったというのです。

そのひとつの理由として、子ども同士の関係性が乏しい環境で育つと、親のわが子への接し方も、大人への接し方に近いものになるためではないかと正高は説明しています。

れに対し、双生児の出生率が高いのはアフリカ諸国で、ナイジェリアでは100人のうち約5組がふたごです。10人集まればそのうちひとりは**ふたご**ということになります。

ふたごは一卵性双生児と二卵性双生児に大別されます。一卵性双生児は二人のもっている遺伝子がまったく同じであると考えられ、顔つき、姿もそっくりということになります。この場合は、同性の双生児しか生まれてきません。

一方の二卵性双生児は遺伝子的には普通のきょうだいと同程度の相違があり、そっくり同じということはなく、同性だけでなく異性の双生児も生まれてきます。

双生児の性格について、ドイツ人の**ゴットシャルト**が研究しています。彼は、双生児がどの程度遺伝的要因と環境的要因の影響を受けているかを探るため、人の性格を知性的上層と内部感情基底層に分けて検討しました。その結果、一卵性双生児は内部感情基底層が大変似ており、遺伝に影響されていることと、知性的上層は環境の影響を受けていることを明らかにしています。

日本では、東京大学教育学部付属中等教育学校と慶応義塾大学の安藤寿康教授の研究室でふたご研究を積極的に行っています。

道徳性の発達

道徳性はどのように発達する？

道徳性の発達理論は3つある

　社会で生きていくために必要な規則や道徳性が、どのような過程を経て身についていくのかを論じた理論は3つあります。1つ目は**フロイト**による精神分析的理論です。先に示したように、フロイトは自我の構造としてイド、自我、超自我を提起していました。そして道徳性の基盤は、5歳前後の男根期に形成され、両親からの愛情を失うかもしれないという恐れや不安、罪悪感が道徳的行動の動機づけになっていると述べています。

　また2つ目の理論は、**バンデューラ**による社会的学習理論です。この理論は、自分の身近な人の言動を見ているうちに、その言動が身についてしまうというものです。

　たとえば親が紙くずなどをポイッと道路に捨てていたりすると、それを何気なく見ていた子どももそのうちにポイッとごみを投げ捨てるようになっているといったことです。よい子に育てるにはまずは親自身が襟を正した生活をしなければいけないことになります。そして3つ目が**コールバーグ**による**道徳性の発達理論**です。

コールバーグの道徳性発達理論

　1927年にニューヨークに生まれたコールバーグは、シカゴ大学にてカール・ロジャースやハヴィガーストらの指導を受けた後、1968年にハーバード大学に迎えられました。彼は道徳性の発達を研究

あなたなら、どうしますか？

するために、さまざまな年齢の子どもたちにいろいろなジレンマ状態を提示しました。次の話は子どもたちに用いた一例です。

＊

ある女性が癌《がん》のために死に瀕していました。もし彼女を助けられるとすれば、それはある薬を使った場合だけです。ある薬剤師がその薬を開発したのですが、彼はその薬に、薬の開発費用の10倍もの値段をつけました。この癌に苦しんでいる女性の夫は１０００ドルしかお金を準備できなかったのですが、薬剤師は２０００ドルを要求しました。

夫は薬剤師にもっと薬を安く売ってほしい、あるいは後払いにしてほしいと頼んだのですが、薬剤師の答えはＮＯでした。失望した夫は、妻の命を助けるために、薬剤師の店に押し入ってその薬を盗んだのでした。

＊

彼の行動は正しかったのでしょうか？　それとも間違っていたのでしょうか？　そして、それはどのような理由からなのでしょうか？

コールバーグは子どもたちに質問しました。そして子どもたちの回答を分類し、道徳性の発達には3段階があることを導き出しました（左ページの図参照）。

最高段階の道徳観念をもっているのは全人口の20％

最終的には誰もが最高段階の道徳観念をもつようになるのでしょうか？

コールバーグは、道徳性の最高段階に到達した人として、イエス、仏陀、ソクラテス、孔子、リンカーン、キング牧師などをあげています。実際に脱慣習的段階にまで進めるのは全体の20％程度だろうと考えていたようです。

イギリスで行われたある調査では、男性のうち約11％が、女性のうち約3％が、もし100万ドルもらえてかつ懲罰を免れるという保証があるのであれば、殺人を犯すだろうと答えたそうです。

コールバーグの道徳性発達段階

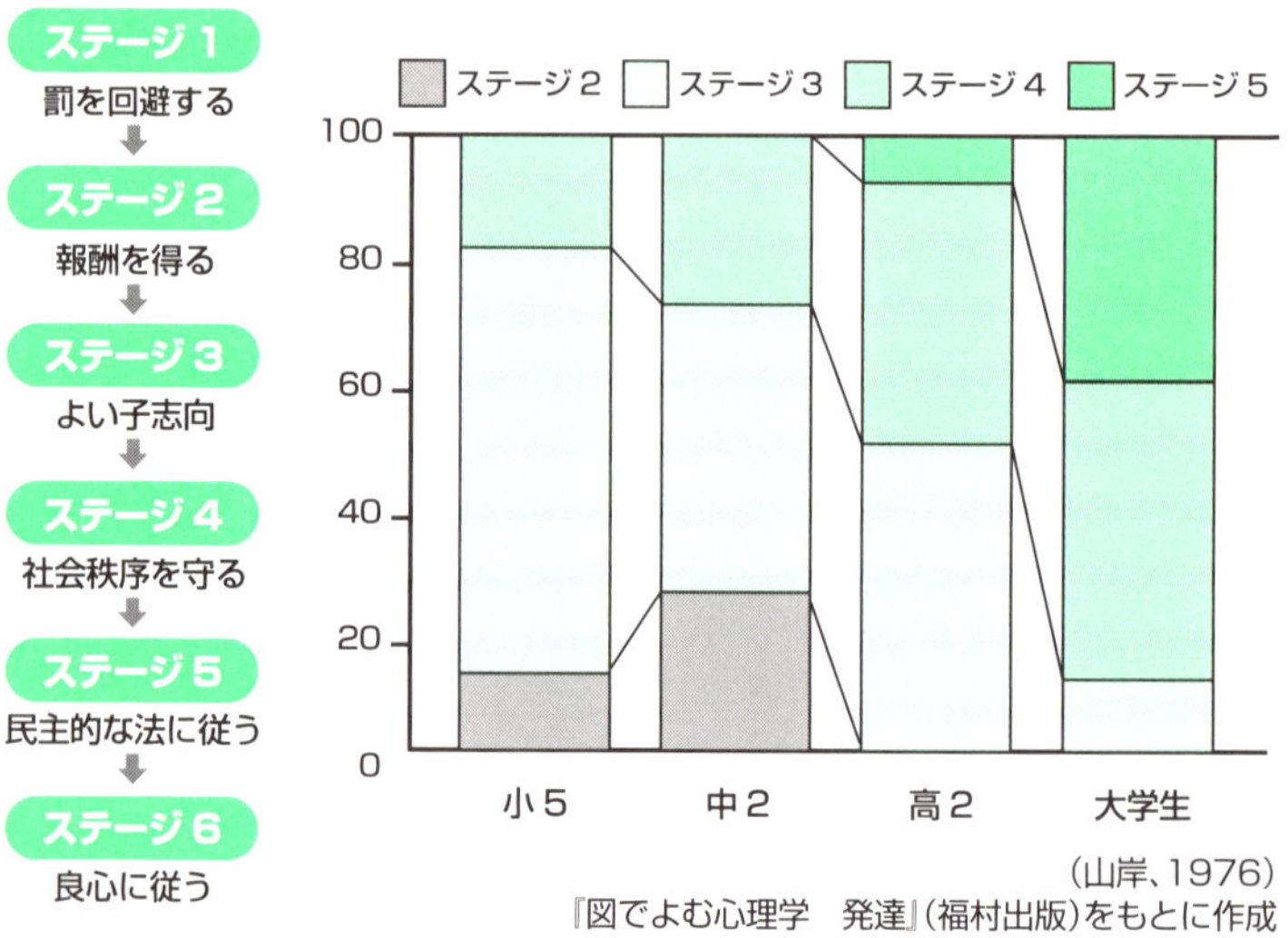

（山岸、1976）
『図でよむ心理学　発達』（福村出版）をもとに作成

コールバーグの道徳性発達段階

Ⅰ 前慣習的段階

ステージ1
懲罰志向

権力に服従するタイプ
（例）彼は薬を盗むべきじゃない。そんなことをしたら警察に捕まって刑務所に入れられてしまうから。

ステージ2
道徳的快楽志向

ほうびをもらえる場合に言うことを聞くタイプ
（例）薬を盗んでも彼には何の得にもならない。なぜなら彼が刑務所から出てくるころにはもう奥さんは死んじゃってるだろうから。

Ⅱ 慣習的段階

ステージ3
よい子志向

まわりの人たちに喜ばれることがよい行動だとするタイプ
（例）彼は薬を盗むべきではない。だって、そんなことをしたらみんなに盗賊だって思われちゃうから。彼の奥さんだって盗んできた薬なんかで助かりたいなんて思わないよ。

ステージ4
権威志向

法律や秩序、権威を重視するタイプ
（例）たしかに彼の奥さんにはその薬が必要だけれど、法を犯してまでそれを手に入れようとするべきではない。奥さんが病気だからといって窃盗を正当化することはできない。

Ⅲ 脱慣習的段階

ステージ5
社会契約志向

規則を絶対視するのでなく、正当な理由があれば、それに代わる方法を主張するタイプ
（例）彼は薬を盗むべきではない。たしかに薬剤師のやり方はひどいけど、お互いに相手のもつ権利を尊重するべきなんだ。

ステージ6
個人的理念に基づく道徳性

正義、尊厳、平等を重視するタイプ
（例）彼は薬を盗むべきだ。そして盗んだ後に、自分のやったことをありのままに公表するべきだ。彼は処罰を受けなければならないが、代わりに人の命を救うことになる。

コールバーグへの批判～ギリガンの見解～

1970年代に一世を風靡したコールバーグの道徳性発達理論ですが、ギリガンはこれを批判しました。

ギリガンは、コールバーグの理論は男性的な「**正義の倫理**」という観点に偏りすぎており、もっと女性的な立場から「**他者へのケアの倫理**」にも目を向けるべきだと主張しました。一例として、ギリガンは11～15歳のアメリカの子どもたちに次のような話を示して、その理由づけを分析しています。

ヤマアラシとモグラの家族

厳しい寒さをしのぐため、一匹のヤマアラシがモグラの家族に冬の間だけ一緒に洞穴のなかにいさせてほしいとお願いしました。

モグラたちはヤマアラシのお願いを聞き入れてくれました。けれども、その洞穴はとてもせまかったので、ヤマアラシが洞穴のなかを動きまわるたびに、モグラたちはヤマアラシの針に引っかかれてしまうことになったのです。

ついにモグラたちはヤマアラシに洞穴から出て行ってくれるようにとお願いしました。ですが、ヤマアラシはこのお願いを断りました。そして言ったのです。「ここにいるのが嫌なんだったら、君たちが出て行けばいいじゃないか」

＊

この話を聞いた男の子たちは、「その洞穴はモグラのおうちなんだから、ヤマアラシが出て行くべきなんだ」と、「正義の倫理」という観点からこのジレンマを解決する傾向がありました。

それとは対照的に、女の子たちは、みんなが幸せで快適になれるような解決法を探す傾向にあったのです。たとえば、「ヤマアラシの身体を毛布で覆ってあげたらいいのよ」という具合です。

ギリガンは、男性の心理学者たちは多くの場合、正義や自立という観点から道徳性を定義してきたと批判しました。

このような男性的な視点からみると、他者との関

「ヤマアラシとモグラの家族」の実験

男の子たちは正義を主張し、
女の子たちはみんなが幸せになる解決法を提案した

係性を重視する女性的な関心は、強さとしてではなく弱さとして映ってしまうことになります。

そして、このような他者への援助に価値を置く女性は、先のコールバーグの理論では道徳性発達の第三段階に位置づけられることになってしまうのです。

ギリガンは、他者へのケアは道徳性発達において大変重要な要素になっていると考え、このような「ケアの倫理」という観点からみると、男性の道徳性の発達は低い段階になると述べています。

普段の生活のなかでは、私たちは男性であろうと女性であろうとそのときどきに合わせて道徳的判断をしているのですが、こうした道徳の発達に関わる性差の問題は大変興味深いと思います。

社会的学習理論

子どもは大人の模倣をする

バンデューラの社会的学習理論

カナダ人の**バンデューラ**は、**社会的学習理論**と自己効力感の研究で知られている心理学者です。彼は、この社会的学習理論を検証するために、次のような実験を行っています。

子どもたちを実験群と対照群の2つのグループに分け、実験群の子どもたちにはおもちゃの部屋でひとりの大人が風船のように膨らませた「人形」に乱暴しているシーンを見せます。

対照群の子どもたちには普通に大人が遊んでいるシーンを見せ、その後、各グループの子どもたちをひとりずつおもちゃのある部屋に入れ、その様子をフィルムで撮影します。

その結果、実験群の子どもたちは、対照群の子どもたちに比べ、目に見えて攻撃的でした。この実験から、子どもにはモデルの行動を観察し、自発的に模倣する特性があることがわかりました。

観察学習（observational learning）とは、モデルの行動を見るだけで、その行動を学習してしまうことをいいます。より正確にいうなら、そのモデルがもつ「刺激―反応」の連合を、観察だけで学習してしまうということです。この場合、何回観察をしたかというのもポイントになります。観察回数が多いほど、学習の成績は上がるというのが一般的な解釈ですが、何度も見ているうちに集中力が欠けてきたり、慣れが生じてきてしまうので、ただ回数が多いというだけでは効果はあがらないようです。

子どもは大人のマネをする

バンデューラの社会的学習理論

楽しいシーンを見ると

友好的になる

乱暴なシーンを見ると

乱暴になる

子どもには、モデルの行動を
自発的に模倣する特性がある

知能

知能とはどのようなもの?

知能の測定方法に関する研究の流れ

知能の研究は、個人差の研究として19世紀からはじまりました。人相学や骨相学といった分野です。

オーストリア人で医師のガルは頭の形の差異が人の性質と関わっているのではないかと考えました。この考えに影響を受けたイギリス人のクームは、死刑になった犯罪者の頭蓋骨の計測を行ったりしました。もちろん現代では骨相学自体の考え方は間違っているとされています。

その後、知的能力や性格の個人差を研究したのがイギリス人の**ゴルトン**です。彼は1884年にロンドンで行われた万国衛生博覧会において人間についてのさまざまなこと（身長・体重・感覚の鋭敏度など）を測定し、「人間測定実験室」を開設しました。ゴルトン以降の流れは左ページ以降をご覧ください。

知能検査

今日、日本で広く使われている知能検査は、フランス人の**ビネー**によって作成された理論に基づいている「**田中ビネー知能検査V**」とウェクスラーの理論に基づいている「**WISC−Ⅳ**」です。次にそれぞれの検査の特徴について触れておきます。

田中ビネー知能検査

1〜13歳までの各年齢で6〜7割の子どもたちが解くことができる問題を配列している検査。その課題をどの程度解くことができたかによって知能指数

知能の測定方法に関する研究の流れ

1869年	ゴルトン	『遺伝的天才』を出版 人間の個人差を測定する研究に熱心に取り組み1884年に「人間測定実験室」を開設した。
1905年	ビネー	パリ市の教育局から学校教育についていけない精神遅滞の子どもを発見する方法の開発を依頼され、シモンの協力を得てはじめて知能検査を作成した。30項目あり、やさしいものから難しいものへと配列されている。
1908年	ビネー	知能検査に精神年齢を表記できるようにした。
1916年	ターマン	スタンフォード大学の教授でもあったターマンはビネーの知能尺度のアメリカ版を作成し、スタンフォード・ビネー検査を作成した。そのなかで知能指数（IQ）を使って知能を示した。
1917年	ヤーキーズ	アメリカでは、第1次世界大戦への兵員配置に知能検査を利用する計画がヤーキーズを中心に進められた。個別ではなく集団検査方式を採用した。
1937年	ウェクスラー	ベルヴュー病院に勤務していたウェクスラーは新しい知能検査を開発した。言語性検査と動作性検査の2つの領域からなり、全体のIQだけではなく、言語性IQと動作性IQを算出できる。平均が100で標準偏差が15になるように構成されている。

知能指数の調べ方

スタンフォード・ビネー検査

IQ: 知能指数
(intelligence quotient)

$$= \frac{\text{MA: 精神年齢 (mental age)}}{\text{CA: 生活年齢 (chronological age)}} \times 100$$

を出すことができます。

WISC—Ⅳ

5歳0ヶ月〜16歳11ヶ月までの子どもに適応できる検査で、全検査IQと次の4つの指標を出すことができます。

①言語理解指標（類似・単語・理解の課題より、言語による推理力や思考力・習得知識の程度を測定）、②知覚推理指標（積み木模様・絵の概念・行列推理課題より、視覚的な情報を取り込み、まとめる能力や非言語による推理力・思考力の程度を測定）、③処理速度指標（符号・記号の課題より視覚刺激を速く正確に処理する能力と短期記憶を測定）、④ワーキングメモリー指標（数唱・語音整列の課題より、注意を持続させ聴覚的情報を正確に取り込み、記憶する能力、さらに作業中の一時的記憶の保存や集中を測定）。

子どもと同じ年齢集団の知的平均水準を100とし、そこからどの程度ずれているかをとらえることができます。また、3歳10ヶ月〜7歳1ヶ月まではWPPSI知能診断検査、成人用としてWAISがあります。その他、集団式知能検査もあります。

知能が高い＝勉強ができることではない

知能は英語でintelligenceといいますが、この語源はラテン語のintelligentiaで、知覚または理解する能力という意味です。知能の定義については大きく分けて次の3種類があります。

①知能とは抽象的な思考能力である（ターマン）
②知能とは学習する能力である（ディアボーン）
③知能とは新しい環境に適応する能力である（ウェクスラー）

これらの定義から、知能とは決して勉強だけができることではなく、新しい環境に適応できる能力も含まれていることがわかります。

さて、ゴルトンの影響を受けた**スピアマン**は知能の研究に因子という概念を導入しました。そのほかにも、**サーストン**の多因子説、ギルファードの知能立体モデルが有名です（次ページ以降参照）。

スピアマンによる2因子説（1904）

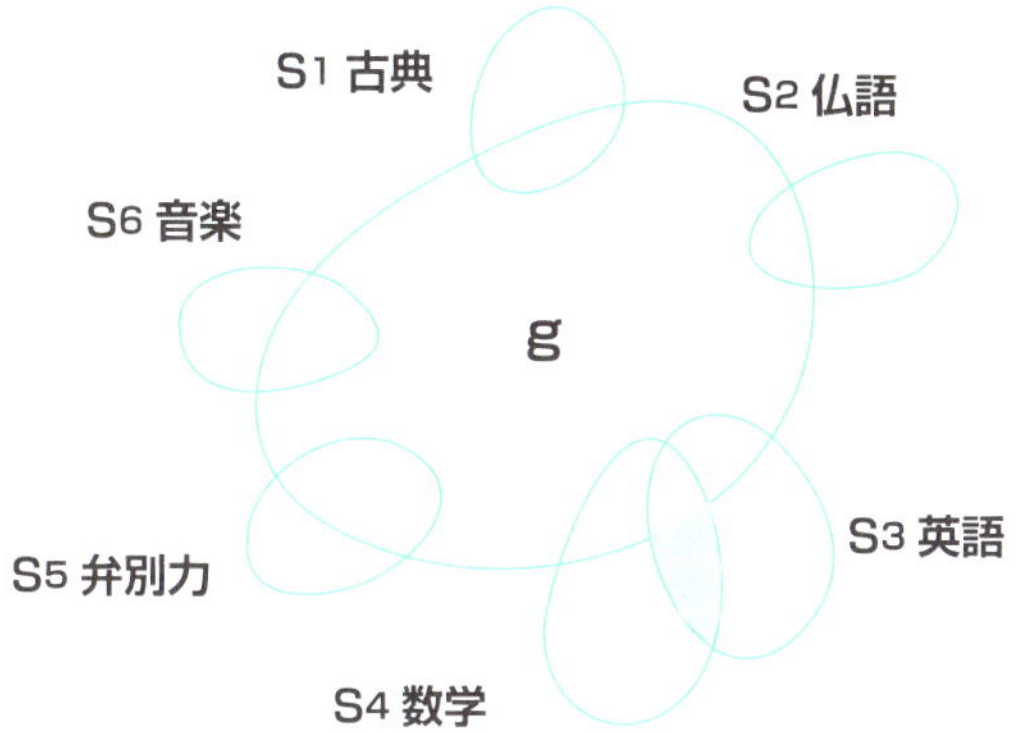

小学生に実施した光・重さ・音の弁別テストの結果と学校の各教科との成績との相関関係を調べ、相互に関連性が高い共通の一般因子（ｇ因子）とは別に、各教科に特有の特殊因子（ｓ因子）が存在することを発見し、これを知能の**2因子説**とした。

ｇ因子は遺伝的に決定されているが、ｓ因子は環境要因によって決定される。

知能はすべての知的活動に共通に働く一般因子（ｇ因子）と相互に独立し、個々の知的活動のみに特有な特殊因子（ｓ因子）から成立している。

サーストンによる多因子説（1938）

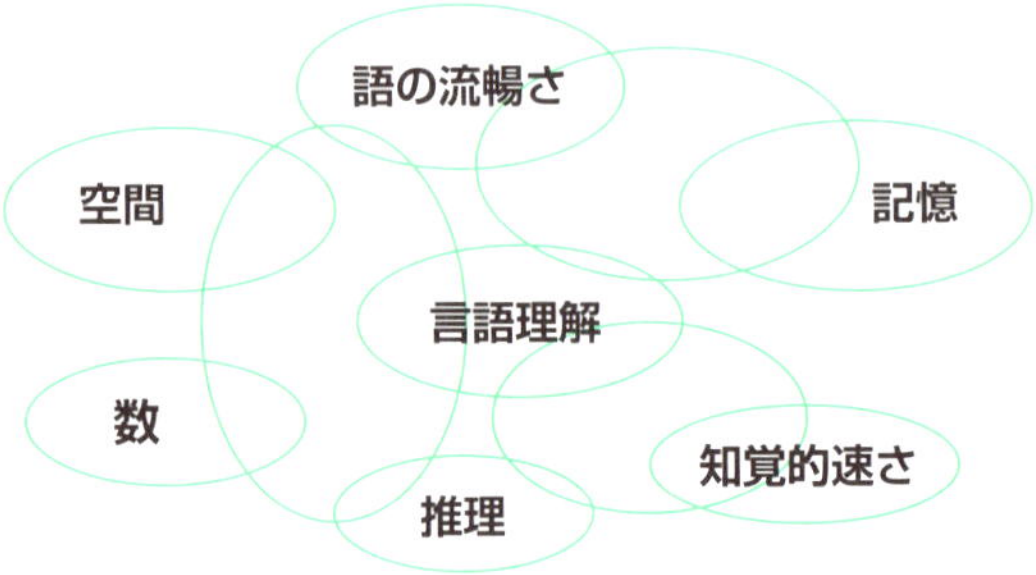

一般因子の存在を否定し、知能はいくつかの特殊因子によって構成されており、一般因子は特殊因子から２次的に発見されるものであると唱えた。

大学生に56問からなる知能検査問題を実施し、①知覚的速さ②空間③数量④言語理解⑤記憶⑥推理⑦語の流暢さという７因子があることを明らかにした。

サーストンの**多因子説**は多くの心理学者の承認を得ることとなり、とくにギルフォードはこの多因子説の考えを知能構造論として展開していった。

ギルフォードによる知能の立体モデル（1967）

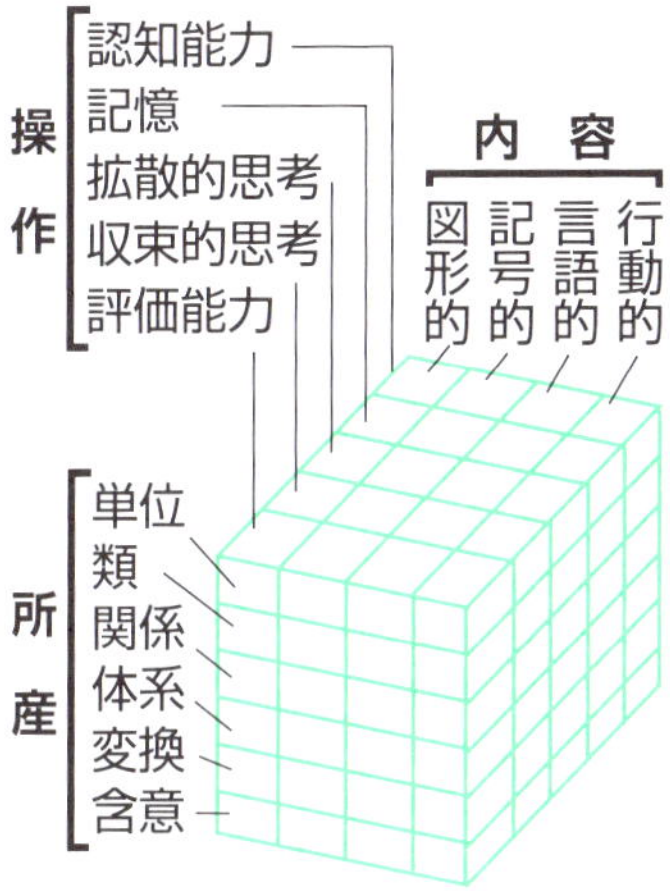

サーストンの理論では、知能の内容が体系化されるまでには至っていなかった。そこでギルフォードは因子分析法を駆使して因子の抽出とその構造化に努力し、操作 (OPERATIONS)、所産 (PRODUCTS)、内容 (CONTENTS) の3次元からなる立方体の知性構造モデルを提唱した。

さらに各次元を分けて、全体で 120 の要素からなる知能モデルを提唱した。しかしこれはあくまでもモデルであって実証されてはいない。

学習のメカニズム

人はどう学習する?

学習には法則がある

学習には、ある一定の法則があります。これまで、多くの研究者たちが、さまざまな実験によってそれらの法則を明らかにしてきました。ここでは、代表的な学習行動のメカニズムをご紹介します。

古典的条件づけ

人間の行動のメカニズムを、はじめて科学的に考えたのがロシアの生理学者**パヴロフ**です。

彼は犬にベルの音を聞かせると同時に、エサを与えるという実験をくり返しました。すると、犬はベルの音を聞くだけで、エサを与えなくても唾液を出すようになりました。パヴロフはこれを「**条件反射**」と名づけ、ある特定の条件のもとで受動的に身についた学習であると考えました。この条件反射が用いられた学習を、**古典的条件づけ**といいます。

オペラント条件づけ

一方、アメリカの心理学者**スキナー**は、自発的な行動と反応による学習効果を証明しています。

レバーに触れるとエサが出るスキナーボックスという実験装置にネズミを入れると、偶然レバーに触れてエサを食べられたネズミは、しだいにお腹がすくとレバーを押すという学習行動を示すようになります。レバーを押してもエサが出なければ、この行動はなくなることがわかりました。

この学習行動を**オペラント条件づけ**といいます。

学習行動のメカニズム

古典的条件づけ　受動的に身につけた学習

ベルの音を聞かせると
同時にエサを出す

ベルの音だけで
よだれを出すようになる

オペラント条件づけ　自発的な行動と反応による学習

レバーにふれるとエサが出る

おなかが空くとレバーを
押すようになる

達成動機

子どものやる気を育てるには?

「やる気」は心理学では「達成動機」という

親ならば誰もが、わが子が勉強のできる子どもであってほしいと願うのではないでしょうか?

やる気のことを、心理学では「**達成動機**」といいます。アメリカ人の心理学者**マレー**は人間の欲求について研究した人として有名ですが、達成動機について次のように定義しています。

「難しいことを成し遂げること。自然・人間・思想に精通し、それらを処理し、組織化すること。そしてそれらをできるだけ速やかに、できるだけ独力でやること。障害を克服し高い水準に達すること。他人と競争し他人をしのぐこと。才能をうまく使って自尊心を高めること」

この定義をまとめるならば、達成動機とは難しいことでも高い水準を目指して自分の力でやり遂げようとすることだといえます。

内発的動機づけが育つと子どもは伸びる

テストがあるのに遊んでばかりいる子どもを見ると、母親は「あなたには勉強に対するやる気がまったくない」と怒鳴りつけたりします。すると子どもはしぶしぶ机に向かって勉強をしているふりをします。しかし、それは親を安心させるための見せかけのもので本物のやる気ではないのです。

本物のやる気というのは人に言われなくても自分の内側から出てくるもので、心理学では**内発的動機づけ**とよんでいます。それに対して、まわりの大人から与えられる刺激（例「よい成績をとったらご褒美を買ってあげる」によって自らの行動を決めることを、**外発的動機づけ**といいます。

小さいうちから、子ども自身がやる気をもつように育てるのは難しいことです。ですが、「親が言うから」とか、「ご褒美がもらえるから○○する」のではなく、心の内側から生まれたやる気をもてたとき、本当の知識が身につくのではないでしょうか。

内発的動機づけと外発的動機づけ

自ら楽しんで行い、長続きする

その場ではがんばったとしても、長続きしない

◎失敗が続くと無気力になってしまうことも

ところが、ある状況のもとで何度も何度も失敗の経験を重ねていると、「いくらがんばってもその失敗を回避することが難しい」という「あきらめ」に近い意識が芽生え、無気力になってしまいます。自分の行動が無力であることを学習してしまうのです。これを「**学習性無力感**」とよびます。

この概念を提唱したのは**セリグマン**というアメリカの心理学者です。彼は、犬に統制不能の電気ショックを与え続けていくと、次第に、逃げられる状況であっても、電気ショックから逃れようとせず、ずっとその場所にうずくまったままになってしまうことを報告しています。

学校で一生懸命努力しても、学業成績がよくならない子どもに対して、親が「あなたはバカだ」と言い続けたならば、その子どもは無力感にさいなまれ、すべてのことにやる気がなくなってしまうはずです。親や教師からの温かい励ましの言葉が子どものやる

ピグマリオン効果

ピグマリオンとは、ギリシャ神話に登場するキプロスの王様の名前です。このピグマリオン王は女性の像に恋焦がれてしまい、それを知った神様が像に命を吹き込んだという話です。

この名前を教育の問題に応用したのはローゼンソールたちでした。教師の抱く生徒への期待を実験的に操作し、その影響について追跡調査を行ったところ、伸びるはずだと先生から期待された生徒の知能指数は、ほかの生徒に比べて高くなる傾向が示されました。

先生の生徒への期待が子どものやる気を引き起こすのです。子どものやる気を引き起こす、こうした効果を、**ピグマリオン効果**と呼んでいます。

教育に携わる人は、生徒に対して一定の期待を抱きがちであること、しかしそこにはときとしてマイナスの影響も生じうることを認識しておく必要があります。

親のしつけがエゴ・レジリエンスおよび無気力感におよぼす影響

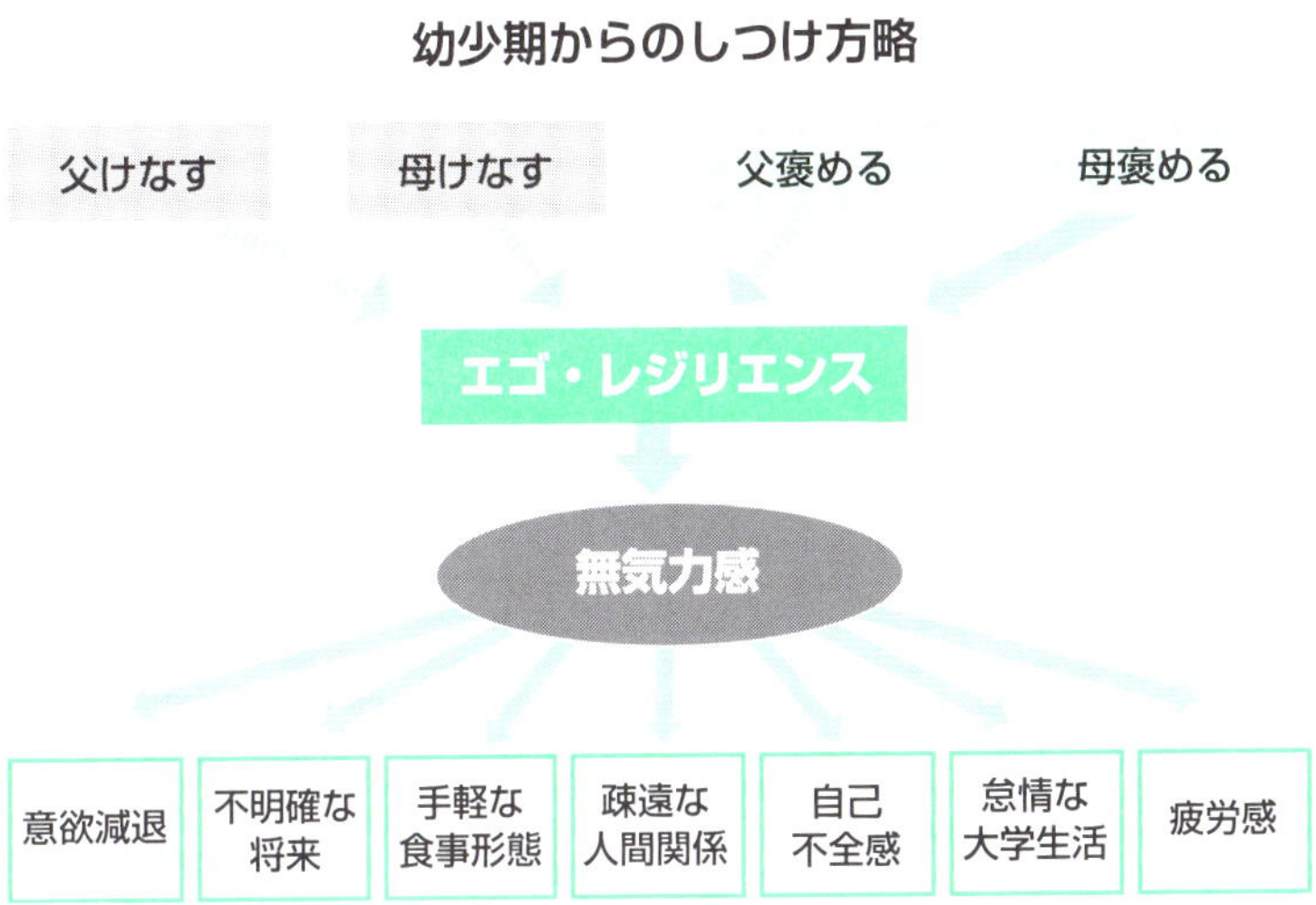

気を引き出す秘訣です。

エゴ・レジリエンス

小野寺は、母親の励ましと子どもの無気力感との関係について研究しています。この両者の関係に作用する要因には**エゴ・レジリエンス**というものがあります。このエゴ・レジリエンスとは、私たちが過度のストレスにさらされたときに自我を調整する力であると、ブロックは定義しています。わかりやすく言えば、ストレスという外からの力が加わったときにエゴ・レジリエンスがそのストレスと闘って自分を守ろうとしてくれるわけです。前向きに進もうとする力や心の柔軟性がエゴ・レジリエンスの特徴としてあげられます。

小野寺によると、母親が小さいときから温かく子どもを励ましていくことが、子どものエゴ・レジリエンスを鍛えていき、その力が無気力感に陥らせないように作用しているのではないかと指摘しています。

いじめ

いじめはなぜ起こるのだろう?

いじめの現状

2006年度に全国で起きた**いじめ**の件数は12万4898件で、1年前の6・2倍になったと文部科学省が発表しています。

いじめ件数の急増は同省がいじめの定義を変更したこととも関連しています。

同年以前のいじめの定義は、①自分より弱い者に対して一方的に、②身体的・心理的攻撃を継続的に加え、③相手が深刻な苦痛を感じているもの、でした。ところが新しい定義では「自分より弱い」「継続的に」「深刻な」などの条件を削除し、被害者側の気持ちを重視した定義になったのです。

新しい定義は、次のようになりました。

「一定の人間関係のある者から、心理的、物理的な攻撃を受けたことにより、精神的な苦痛を感じているもの」

つまりいじめかどうかの判断は、いじめられた子ども本人の立場に立って行うことを徹底させるという趣旨のものになりました。

その結果、いじめが認知された学校は、全体の55・0%、2万2159校で、2005年度の3倍以上となっています。

またいじめの定義や調査方法を見直した結果、パソコンや携帯電話のインターネットを使った「ネットいじめ」は約4900件で、全体の4%ありました。いじめが原因とみられる自殺も6人いたようです。

いじめの種類

竹川はいじめの程度と集団の関与との観点から、いじめを次のように分類しています。

いたずら的いじめ

ひとりまたは少数の者が、そのとき弱い立場にある者に対して、いたずら、ひやかし、嫌がらせ、からかいといったことをする。多くは一過性で被害の程度も大きくはないが、精神的苦痛がともなう。

集団全体が関与するいじめ

多数が「シカト」（無視）したり、持ち物隠しをしたりする。お仕置きとしての「制裁型」いじめ、全体から異質な者を排除しようとする「排除型」いじめ、いじめにおもしろさや刺激を求める「遊び型」いじめ、精神的ストレスを弱い者にぶつける「抑圧解消型」いじめ、の４種類がある。

仲間集団内での隷属的いじめ

仲よしグループ内での固定化した少数の者に使い走り、カバンもたせ、お茶くみなどを強要する。

犯罪的いじめ

恐喝、暴行、万引きの強要など、手口が犯罪の部類に入るいじめ。

いじめのメカニズム

なぜ、いじめが起きてしまうのでしょうか。それは、**緊張理論**と**統制理論**によって説明することができます。

緊張理論

欲求不満や葛藤を抱えると、それを軽減させようとする心理が芽生え、その際にとられる行動のひとつが、攻撃反応としてのいじめになります。

たとえば、親から非常に厳しいしつけを受けて育った子どもには、満たされない欲求不満がたまり、そのはけ口として友人をいじめたりしてしまうことがあるのです。

統制理論

統制理論とは、本来もっている情動エネルギーをコントロールすることができなかった場合に、問題行動があらわれることをいいます。

私たちが情動をコントロールするには、2つの方法があります。1つは、法やルールなど社会的規範によって統制する方法、もう1つは、良心や自分のなかの規範意識によって統制する方法です。いじめが起きてしまうのは、この統制が弱くなっているからといえます。

いじめが増加傾向にある原因として、家庭や地域社会の変化、子育て環境の悪化、学歴偏重主義、家庭の教育力の低下などがあげられます。

いじめっ子・いじめられやすい子の特徴とは?

「いじめられっ子」と「いじめっ子」には、自己中心的でわがまま、協力し合って活動するのが苦手、自分に自信がない、など共通する特徴があるのではないかと考えられています。

尾木は左ページの図のように、それぞれの特徴をまとめています。

いじめっ子・いじめられやすい子の特徴

いじめっ子になりやすい要因

- 過去にいじめられた経験がある
- 自分の思い通りにしたい・支配したい
- ストレス解消のためにうさ晴らしをしたい
- 劣等感から人をねたんでおとしいれたい
- 家庭の問題
- 性格の問題
- グループ内で「いじめないと、お前もひどい目にあうぞ」と脅迫されている

いじめられやすい子どもの要因

- 友達が少ない
- 動作が機敏でない
- 身体が小さい
- おとなしい
- だれにでも優しい
- 口が達者でませている
- いろいろ言われても言い返せない

不登校になってしまうのはなぜ？

不登校児の急増

ある日突然、子どもが「学校に行きたくない」と言ったら、親は「なまけていないで、学校に行きなさい」と怒るのが一般的でしょう。

でもそうしたときには、まず、子どもの話をよく聞いてあげましょう。何か理由があって行きたくないと言い出しているはずです。

不登校というのは、年間30日以上の長期欠席者のうち、病気や経済的な理由を除いた者をさしています。文部科学省学校基礎調査によると、平成18年度の不登校を理由とする児童生徒の数は小学校2万4０００人（前年度よりも1０００人増加）、中学校10万3０００人（前年度よりも3０００人増加）となり、合計12万7０００人となっています。平成3年度は小学校の不登校者数が約1万2０００人、中学校では約5万4０００人でしたから、その数は2倍近くになっており、学校に行けない子どもたちの多さに驚きます。

不登校児の支援方法

不登校の理由には大きく分けると次の3つのパターンがあります。

①学校生活に起因するもの…友人関係をめぐるトラブル。いじめ。先生との問題
②本人に起因するもの
③家庭生活に起因するもの…家庭環境の急激な変

化。親子関係をめぐるトラブル。家庭内の不和

しかし、当の本人は、なぜ学校に行きたくなくなってしまったのか、その原因がわからないでいる場合が多いのです。

前日には学校に行くつもりで準備をするのに、朝になると頭痛や腹痛がして登校できなくなるケースが多くみられます。しかし、「登校しなくてもいいよ」と親が言ったり、休日になると元気になってしまったりします。本人は学校に行かなければいけないとわかっているのに、なぜ行けないのか自分でもわからず深く悩んでいることが多いのも、現実です。

対応方法としては、①まずは子どもの話をよく聞く、②担任とよく相談する、③学内のカウンセラーに相談する、④学外の教育相談機関に相談するなどが考えられます。

不登校は簡単には解決できない問題です。登校させることだけが目的ではなく、子ども自身に生きる力をつけさせ、自立させていくことが大切です。

スクール・カウンセラーの役割

多くの学校で、**スクール・カウンセラー**が導入されはじめてきました。1995年、文部科学省が制度を導入したのです。スクール・カウンセラーの活動内容には次の３つがあげられています。

①心理教育アセスメント：児童・生徒の学習面と心理的な適応状況を把握し、必要に応じて援助の計画を立てる。

②カウンセリング：治療的・予防的・開発的なカウンセリングやガイダンスを、個別あるいは集団で行う。

③コンサルテーション：保護者や教師、教育スタッフに対して、児童・生徒の問題行動や発達が効果的に援助できるように働きかけをする。また必要に応じて外部の専門機関と連携する。

コラム

子どもの体力・運動能力の低下

子どもたちの体力の状況を把握するために、文部科学省は、昭和39年から毎年、青少年の体力・運動能力について調査を実施しています。それによると、走（50メートル走・持久走）、跳躍（立ち幅跳び）、投（ソフトボール投げ・ハンドボール投げ）および筋力（握力）は、昭和53年ぐらいまでは向上傾向にありましたが、その後ゆるやかに低下し続けています。

玉川は小学2年生～中学3年生までの子どもの体力と運動習慣との関連性について研究していますが、それによると小学校2年生ですでに体力の差が認められ、幼少期からの運動習慣の有無がその差に影響を与えていると述べています。

2005年度の子ども白書には1990年から5年ごとに行われてきた「子どものからだの調査」の結果が記載されています。

それによると、すべての調査において保育所・幼稚園に共通してあげられていた項目には「ぜんそく」「つまずいてよく転ぶ」「転んでも手が出ない」の3項目がありました。また小・中学校の共通項目は「視力が低い」、中学・高校の共通項目は「平熱36度未満」「腹痛・頭痛を訴える」「首・肩こり」「不登校」の4項目でした。

なぜ、最近の子どもたちは、つまずいて転んだり、転んでも手が出ないことが多いのでしょうか。

それは、発達の過程で本来は自然に身につけておくべき防御動作を獲得できていないことが、原因として考えられます。

生活習慣は急に身につくものではありません。日々の生活の積み重ねで徐々にできあがっていくものです。そのためには、親も努力して子どもの生活をしっかりと築いていくことの大切さを自覚する必要があります。

青年期の発達

青年期は、アイデンティティを模索したり、親子や友人との関係に変化があらわれるなど、自己の確立には不可欠な時期です。本章では、青年期の特徴をみてみましょう。

青年期とは？

青年期はいつはじまり、いつ終わるのだろう？

12～23歳までのおよそ10年間が青年期

英語で青年期はadolescenceといいますが、これはラテン語のadolescereに由来している言葉です。「成長する」「成熟に向かって成長していく」という意味があります。

日本ではこれまで中学生、高校生から大学生の年齢、つまり12～13歳ぐらいから22～23歳ぐらいまでの10年間を青年期とよんできました。ところが最近、青年期に入る年齢は1～2歳早くなり、終わる時期も25～26歳と遅くなってきたといわれています。

青年期のはじまる時期が早くなっている理由のひとつには、近ごろの子どもたちの身体的発育が加速していることがあげられます。身体的発達からみて、小学校の高学年はもはや児童期ではなくなってきているのです。この発達加速現象が、青年期の開始を早めているわけです。

では、青年期の終わりをいつにするかという論議に目を向けてみましょう。これには、経済的自立や晩婚化が関係しています。経済的には親から独立しても、結婚するまで親元で暮らす**パラサイトシングル**の増加や晩婚化が、最近の青年には顕著です。２００８年度の人口統計資料集によると、２００６年の日本人が結婚する平均年齢は男性が30・０歳、女性が28・２歳でした。

結婚することを成人期へのひとつの指標と考えるなら、30歳になってもまだ青年期が続く時代がやってくるかもしれません。

青年は「境界人」

青年期について、レヴィンは「青年は子どもの集団に属さず、大人の集団にも属さないことから境界人（marginal man）である」と表現しています。

またブロスは、この時期を「**第二の個体化の時代**」と名づけています。かつて乳幼児の精神分析を行っていたマーラーは、「乳児にとって、母親の乳房と母親は一体化している」といいました。赤ちゃんはハイハイしたり歩いたりして動くようになり、徐々に乳離れして母親から離れていく過程で、母親と自分とは違う存在だということを理解します。そのプロセスをマーラーは「**第一の個体化**」とよんでいました。ブロスはこの理論を受けて、青年期に再び親から精神的にも自立していく過程を「**第二の個体化**」とよんでいます。

社会学者の宮本氏は、青年期と成人期の間に「**ポスト青年期**」といわれる新しいライフステージが誕生しているととらえています。

思春期と青年期はどこが違う？

『青年期の心』を著した福島章氏は、思春期と青年期について次のように説明しています。

「青年期とは思春期の発来にはじまり、彼らが心理・社会的な自立をとげて大人の仲間入りをするまでの期間である。思春期は青年期の一部であるが、青年期の前半部分に位置することになり、身体的な変化が大きな役割を演じる。そのはじまりは、女子でいえば初潮、男子でいえば精通の体験による時期である」

つまり、思春期は生物的な発達に力点をおく表現ですが、青年期は、思春期も含めた広い概念で使われる表現といえます。

アイデンティティの模索

自分はどんな人間なのだろう?

左ページのチェックテストで、あなたのアイデンティティの確立の程度を測定してみましょう。

自分探しの時期～アイデンティティの確立～

青年期で一番大切なことは、**アイデンティティ**を確立することであるとエリクソンは述べています。日本語ではアイデンティティは自我同一性と訳されます。アイデンティティとは、過去、現在、未来という時間の流れのなかで、自分は自分であるという一貫した認識であり、他者もそのような自分を認めているという感覚だと定義することができます。

つまり、青年期には「自分とはどんな人間なのか」「自分は将来どんなことをやりたいのか」「自分の生きている意味は何だろうか」といった問題について模索し、揺るぎない自分を確立することが必要になるのです。

急激な身体の発達と成熟～第二次性徴～

中学生になるころから、男子には肩幅の広がり、筋肉の発達、ひげをはじめとする体毛の発達、咽頭の発達、声変わり、精通などがみられ、女子には乳房の発達、腰幅の広がり、皮下脂肪の発達、初潮などがみられるようになります。この時期の身体的な発達と成熟を「**第二次性徴**」とよんでいます。

第一次性徴は、出生直後からみられる男子・女子の身体的な差異をさしています。青年期に入って急激な身体的変化が起こると、自分自身の内面にも関心が向くようになっていきます。

あなたは「アイデンティティ」を確立できていますか？

現在のあなたにあてはまる項目に☑をつけてください。

- □ 1. 私はときどき、いったい自分はどんな人間なのかわからなくなる
- □ 2. 異性とデートすることなどめったにない
- □ 3. 今の自分は本当の自分ではない
- □ 4. 私は自分に自信がもてないことがある
- □ 5. 私は自分がどう生きればよいかわからない
- □ 6. 私には不安なことがたくさんある
- □ 7. 自分の考え方（価値観）が正しいかどうか迷う
- □ 8. ときどき、無責任な行動をとってしまう
- □ 9. 困ったときには親の考えに従うことにしている
- □ 10. 本当にやりたい仕事がまだ見つかっていない

（エリクソンの「発達課題達成尺度」をもとに作成）

いくつ☑がついたでしょうか？
☑が７つ以上ついた人は、アイデンティティがまだ確立できているとはいえません。
☑の数が少ない人ほど、アイデンティティの確立に近づいていることになります。

アイデンティティ研究の発展

エリクソンのアイデンティティの確立の考え方は、青年の特徴を語る上でなくてはならない概念です。その概念を使って多くの研究者は青年のアイデンティティを測定する尺度を開発し、概念を発展させていきました。

たとえば**マーシャ**は、アイデンティティを「**危機**(crisis)」と「**積極的関与**(commitment)」という観点から研究しています。「危機」というのは、いくつかの可能性について迷い苦しむことを意味しています。「積極的関与」というのは自分の考えや信念を表現し、それに沿って行動することを意味しています。

マーシャは面接法によって青年のアイデンティティの確立度を検討し、その結果、次の4つのアイデンティティの地位(ステイタス)を明らかにしています。

①アイデンティティ達成…これまでの自分の生き方や価値観について悩んだり苦しむことで、自分が正しいと思う考えにしたがって現実的に物事を解決していこうとする。自分とはどのような人間であるのか、自分の長所・短所も理解し受け容れられている状態。

②モラトリアム…今の自分の生き方について模索中で迷っている状態(モラトリアムという言葉はもともと「支払猶予期間」を意味する経済用語。つまり青年が社会で担うべき責任や義務を先延ばしにしている状況をさす)。

③早期完了…心理的な悩みや危機を経験していないが、仕事やイデオロギーに積極的に関与している状況。親が子どもに期待する生き方や目標・価値観を受け容れて、その道に沿って歩んでいる。ただしそれが本当に自分にとってよいことなのかどうかは考えていない。

④アイデンティティ拡散…今の自分は本当の自分でないような気がするという感覚。一時的に自分自身を見失い一貫性をもって目的に向かった生き方ができないでいる状態をさす。

マーシャのアイデンティティ・ステイタス

アイデンティティ・ステイタス	危　機	積極的関与	概　要
アイデンティティ達成 identity achiever	経験した	している	幼児期からのあり方について確信がなくなり、いくつかの可能性について本気で考えた末、自分自身の解決に達し、それに基づいて行動している。
モラトリアム moratorium	その最中	しようとしている	いくつかの選択肢について迷っているところで、その不確かさを克服しようと一生懸命努力している。
早期完了 foreclosure	経験していない	している	自分の目標と親の目標の間に不協和がない。どんな体験も、幼児期以来の信念を補強するだけになっている。硬さ（融通のきかなさ）が特徴的。
アイデンティティ拡散 identity diffusion	経験していない	していない	危機前（pre-crisis） 今まで本当に何者かであった経験がないので、何者かである自分を想像することが不可能。
	経験した	していない	危機後（post-crisis） すべてのことが可能だし、可能なままにしておかなければならない。

（マーシャ、1964）

時間的展望

若者は自分の将来をどのように考えるのだろう？

「時間的展望」は、青年期の重要な発達課題

中年以降の人たちは若い人に向かって「あなたはまだ若いから大丈夫よ！　未来があるんだから」という言葉をよく口にします。このような発言をする人は、人生半ばをすぎた時点でこれまでの人生を振り返って、自分に残された人生の時間がそう長くはないという焦りを感じているのかもしれません。

この「将来に対する見通し」のことを心理学では「**時間的展望**」といいます。とりわけ青年期には時間的展望、すなわち将来に対する希望や目的をもって進んでいる若者が多いといわれています。10年後、20年後の自分を頭のなかでイメージし、その姿に少しでも近づけるよう努力することが必要なのです。この時間的展望の確立は、青年期の重要な発達課題のひとつであり、その後の若者の人生を方向づける機能をもっています。

この問題を長い間研究している白井は、時間的展望とは、より遠くの将来や過去の事象が現在の行動に影響をおよぼすという**時間的広がり**（extensiton）、将来に希望をもって現在の生活に充実を感じ、過去を受容するという時間的感覚をもつことであると定義しています。

あなたにとっての未来とは？

さて、あなたにとって大切だと思えるときは、今まで生きてきた過去でしょうか？　それとも今、現在でしょうか？　あるいはこれから先の未来でしょ

うか？

白井は、紙に引かれた一本の線を使ったシンプルな方法で自分の人生を考えてみるという簡単なテストを考案しています。ぜひ、あなたもやってみてください。そしてちょっと、立ちどまって現在の自分と未来の自分について考えてみてはいかがでしょうか？

あなたの過去と未来

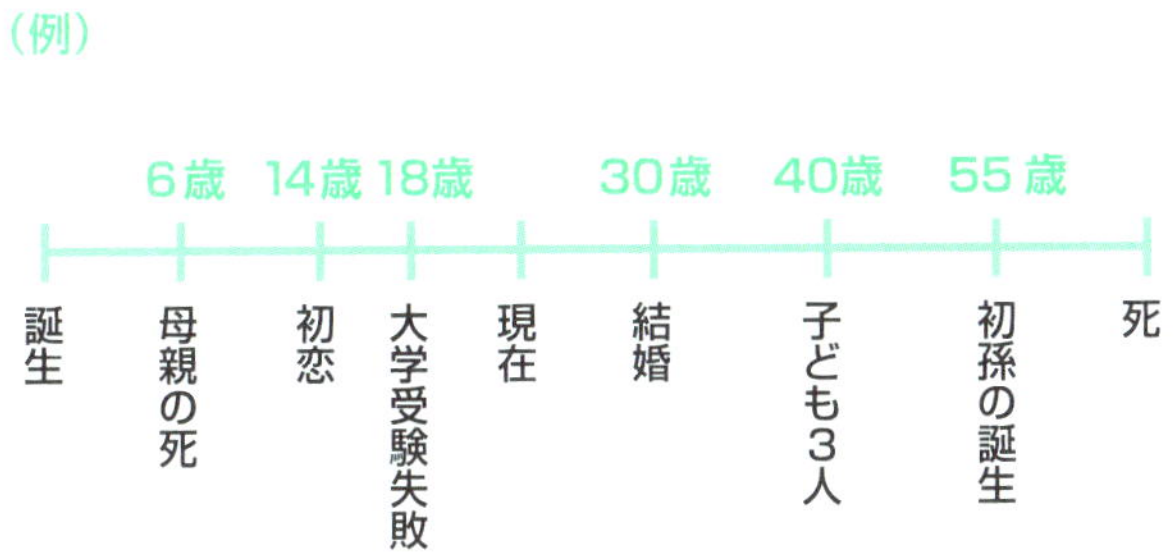

やり方

上図のような直線に、次のことを書き入れてください。

①あなたが生まれたとき

②あなたが死ぬとき

③現在

④これまでに起きた重要な3つの出来事

⑤これから起きるであろう3つの重要な出来事

性役割観

「男らしさ」「女らしさ」はどのようにつくられていくのだろう?

青年期に自分の性役割を意識するようになる

強くたくましいのが男性、やさしくおしとやかなのは女性というように、社会や周囲が性に期待する行動や態度のことを「**性役割期待**」とよんでいます。いわゆる男らしさ、女らしさと表現されるものです。

私たちは、幼いころから家庭や幼稚園・保育園において、知らずしらずのうちに女性らしい役割（家庭で家事と子育てをする）、男性らしい役割（外で仕事をする）を身につけていきます。そうしたなかで、親がどのような性別しつけを行っていくかは子どもの性役割観に大きな影響を与えます。先にもふれたように「女の子らしくしなさい」「もっと男の子らしくたくましくなりなさい」といったひと言がその人の性役割観を形成していくのです。

アンドロジニー（両性具有性）とは?

アンドロジニー（Androgyny：両性具有性）とは、古代ギリシャの言葉でandro（男性）とgyn（女性）からできており、ひとりの人間が、男性性と女性性の両方をもちあわせていることをあらわす概念です。

男性性のステレオタイプには「たくましい」「指導力がある」「意志が強い」が、女性のステレオタイプには「かわいい」「おしゃれな」「物静かな」があげられます。

しかし、女性であっても男性性の特性が高い人もいますし、男性であっても女性性の特性が高い人もいます。とくに現代では両方の特性がバランスのよい人のほうが社会で活躍できるとされているのです。

先の性役割同様、男だから、女だからにとらわれるのではなく、ひとりの人間としてどう生きるのかを考える時代に、私たちは生きてます。

ではあなたの性役割観はどうなっているのでしょうか？　上記のチェックテストをぜひ試してみてください。

性役割チェックテスト　あなたは家庭派？ 仕事派？

あなたは次の意見に賛成ですか？　それとも反対ですか？

その程度を示す番号を□に記入してください。

1「まったく反対である」2「少し反対である」3「少し賛成である」4「非常に賛成である」

1. 男性は社会で仕事に打ち込み、女性は家事と子育てを行うのがよい □
2. 女性は結婚して子どもが生まれたら、仕事は辞めて子育てに専念するのがよい □
3. 女性は家事・育児をしなければならないのでパートタイムで働くほうがよい □
4. 男の子は男らしく、女の子は女らしく育てることが大切である □
5. 女性は料理が上手でなければいけないと思う □
6. 夫は家事をしなくてもよいと思う □
7. 女の子の幸せは結婚して母親になることであると思う □
8. 夫よりも妻のほうが学歴が高いことはよくないと思う □

いかがでしたか？

得点は8～32点まで算出されます。

得点が25点以上の人は、外で仕事をして働くよりも、家庭を重視する伝統的性役割観の強い人です。得点が25点以下の人は、男女平等意識の高い人といえます。

しつけによって男らしさ女らしさがつくられていく

親子関係

青年期に親子関係はどう変化するのだろう？

親への反抗は自立への第一歩

小さいときは母親の姿が見えなくなっただけでも泣いていたわが子が、中学生ぐらいになると突然無口になって自分の部屋に閉じこもることが増えてきます。そんなわが子に「学校で何かあったの？」「誰かからいじめにあっているんじゃないの？」と親が心配して尋ねると「うるさいなあ！」と大声で怒鳴ったりすることがあります。

この年齢の子どもをもつ親は、わが子の変わりように戸惑い、どう対応したらよいのか困ることが多いものです。しかしこうした変化は青年期の子どもたちにはよくみられるもので、決して特別なことではありません。親に対して反抗的態度をとり、親を批判するようになる、これが青年期の親子関係の大きな特徴であり、自立への第一歩なのです。

心理的離乳

赤ちゃんが、ミルクから大人と同じものを食べられるようになるまでの準備段階の食事を「離乳食」といいます。**ホリングワース**はこれにちなんで、青年期に親から精神的に自立することを、「**心理的離乳**」とよんでいます。

親から心理的に自立していく過程においては、親に反抗したり、親との心理的葛藤に悩むことがよくあります。これは親とは違った価値観、信念、理想を確立していこうと青年が努力している姿であり、ごく当たり前のことなのです。青年は心理的な自立

反抗は自立に必要な過程

親は子どもを信じて、
温かく見守ってあげることが大切

によって大人になっていきますが、その過程において、昔のように親にべったりと依存するのではなく、どのように親と接していけばいいのか、その対応法を子ども自身も模索しているのです。そのために親にぶっきらぼうになったり、反抗的になったりしてしまうのです。ときには本人も孤独になり不安を感じることもありますが、その分、自分と同じ気持ちを共有できる友人との関係を深めていきます。

親は遠くから温かく見守ろう

ではこんなとき、親はどのように対応すればいいのでしょうか。親はまず、子どもが確実に成長していると信じ、以前とは違う対応をとる必要があると理解することが大切です。

そして、自立しようとしているわが子の意思を尊重し、間違った方向に進みそうな場合には、軌道修正のアドバイスをするようにしていきましょう。

父と娘の関係

父親が娘の発達に与える影響

います。その母親を大切にしている父親の姿をみると、自分も父親のような男性を探して結婚したいと思うようなのです。反対に、夫婦仲が険悪な場合は、父親に対して嫌悪感をもつようになります。

さらに、同研究で「将来、お父さんのような男性と結婚したいですか?」という質問をしてみたところ、その回答は「してもいい」、「ぜひしたい」という肯定群と「したくない」、「絶対嫌だ」という否定群にはっきり二分されました。

父親は娘にとって、よくも悪くももっとも身近な異性モデルとなっていることがわかります。あなたの父親の魅力度はどれくらいでしょうか? あなたが娘なら、180、181ページのテストをぜひ試してみてください。

父親は娘にとってもっとも身近な異性

あなたはご自分の父親とは仲がよいですか? それとも接しづらいと感じているでしょうか?

小野寺は娘が好感を抱く父親像について研究し、「娘からみた父親の魅力」と題する論文を発表しています。この研究の結果、興味深いことが明らかになりました。それは年ごろの娘にとって、魅力的な父親だと思える一番の要因は「両親の仲がよいこと」であるという点です。

両親の仲のよさは娘の価値観に影響する

娘にとって、母親は一番身近な同性のモデルであることから、母と娘との結びつきは強いといわれて

娘がどのような人生を選択するかは父親次第!?

1976年にアメリカで発表され、日本でも翻訳が出ている『キャリア・ウーマン』という本があります。これはアメリカのトップ100社の女性重役となった25人へのインタビューがまとめられているものです。

この本に登場する女性たちをリサーチしたところ、全員がひとりっ子か姉妹ばかりの長女であり、25人中22人の父親は経済界で管理職にある高い地位の人たちでした。また彼女たち全員に共通していたのは、幼いころから父親の強い励ましを受け「勉強することに男女の差などないんだから、しっかり勉学に励みなさい」とか「結婚する、しないに関わらず自立して生活できることを見つけなさい」と言われて育ったことでした。

つまり、家庭に男子がいない場合、父親は男女の性役割にまつわるステレオタイプ（固定観念）を意識せずに娘を育てていくと考えられるのです。

岡崎もこうした観点に関心を抱き、大学卒業後に就職、結婚、出産後も職業を継続してきた50歳以上の女性30人に対して、仕事を継続した理由を尋ねています。それによると、高等教育を受けること、仕事をもつことについて父親から否定されたことは一切なく、男子と同じような扱いを受けて期待されてきたと回顧していました。

父親と娘との関係は、とかく疎遠である場合が多いともいわれます。しかし、父親が娘に対して投げかける「ひと言」が娘のやる気を育て、将来の職業選択に影響を与えているのです。

また、父親はもっとも身近な異性として娘の男性観を形成するモデルになるようですから、世の父親たちはもう一度娘との関わり方を振り返ってみることが必要ではないでしょうか。

Ⅱ　娘のハッピー度は父親で決まる？

あなたは普段お父さんに対してどのような気持ちを抱いていますか？

各項目について
1「まったくそうではない」 2「どちらかというとそうでない」

3「どちらともいえない」 4「少しそうである」 5「非常にそうである」

のうち、当てはまる番号を選んで□に番号を記入し、最後にその合計点を出してください。

1. 私は、困ったときには父親にこれでよいか聞く □

2. 私は、辛いとき・悲しいときには父親のことを思い浮かべる □

3. 父親に私の気持ちを常にわかっていてもらいたい □

4. 何か重要な決定をするときには、父親に意見を求める □

5. 何かするときには父親に励ましてもらいたい □

6. 父親は私の心の支えである □

1. から 6. までの合計点は　　　　**点**

合計得点が 15 点以上の人は、お父さんに対してポジティブな感情が強い人です。困ったときや重要なことを決めるときにはお父さんに意見を求めたりして、頼りにしているようです。

小野寺の研究によると、父親に対してポジティブな感情が強い女性は、ハッピー度（幸福感）が高いという結果が出ています。

上記の得点が低かった人は、もう一度、あなたのお父さんとの関係を見直してみることも大切かもしれませんね。

Ⅰ「娘からみた魅力的な父親」チェックテスト

次の質問は、あなたのお父さんにどの程度あてはまっているのでしょうか？
1「まったくそうではない」　2「どちらかというとそうでない」
3「どちらともいえない」　4「少しそうである」　5「非常にそうである」
のうち、当てはまる番号を選んで□に番号を記入し、その合計点を出してください。

人間的魅力

1. 父の仕事に対する態度は立派である □
2. 家族のことをいつも気にかけていてくれる人である □
3. 思いやりのある人である □
4. ひとりの人間として尊敬できる □
5. 経済的にわが家の生活を支えてきてくれた人である □

異性としての魅力

1. 父の容姿を人に自慢したい □
2. 背広を着たときの姿は素敵である □
3. 父の話し方、声は素敵である □
4. 家で力仕事をする姿に男らしさを感じる □
5. 父は私の理想の男性である □

両親間の親和

1. 母のことをとても愛している人である □
2. 父と母は気持ちの通じ合った夫婦である □
3. 父と母は率直に意見を言い合える夫婦である □

合計点は　　　点

いかがでしたか？
参考までに3つの得点群に分け、その特性についてコメントしておきます。
☆45～65点＝こんな人がいたら結婚したい
☆31～44点＝まあまあ素敵～一緒に歩いてもいいかな～
☆13～30点＝魅力に欠ける～絶対こんな男性とは結婚したくない～

友人関係

青年期の友人関係の特徴

友人をもつことの意味

あなたには、自分の悩みを相談できる学生時代からの友人はいますか？

宮下は友人をもつことの心理的意味について次のように説明しています。

①自分の不安や悩みを打ち明けることによって、情緒的な安定感・安心感を得ることができる（自分だけではなく友人も同じような気持ちなんだと思うことで安心できる）

②自己を客観的に見つめることができる（友人関係を通して自分の長所・短所に気づき内省する）

③人間関係を学ぶことができる（楽しいことやうれしいことだけではなく、傷つき、傷つけられる経験を通して、人間としてよいこと、悪いこと、思いやりや配慮について学ぶ）

仕事に就いてからの人間関係は、上下関係や利害関係で成立していることが多くなります。そう考えると、青年期に築かれた友人関係はかけがえのないものであり、あなたの一生を支えてくれる大切なものではないでしょうか。

今どきの友情とは？

ところが現代の若者たちは、傷つけ合いたくないという気持ちから、一緒にいて楽しければそれでよいという表面的な付き合いしか求めない傾向がある

あなたは友人を気づかうタイプ？

下記の項目は、あなたにどの程度あてはまっていますか？

その程度を示す番号を選んで□にその番号を記入し、その素点の合計を出してみましょう。

1「まったくそうではない」2「どちらかというとそうでない」3「どちらともいえない」4「少しそうである」5「非常にそうである」

1. 相手の考えていることに気をつかう □
2. 互いに傷つけないよう気をつかう □
3. 自分を犠牲にしても相手に尽くす □
4. 互いの約束は決して破らない □
5. 友人グループのメンバーからどう見られているのかが気になる □
6. 友人グループのためにならないことは決してしない □

得点は6～30点まで算出されます。

得点が20点以上の人は、友人にとても気をつかっているタイプといえます。


ようです。

岡田は、現代の大学生の友人関係について研究を行い、次のような3群を明らかにしています。

①「群れ群」（冗談を言って相手を笑わせたり、皆でいることを重視する）
②「気づかい群」（互いに傷つけないように気をつかったり、互いの約束を決して破ったりしない）
③「ふれあい回避群」（互いのプライバシーに踏み込んだり、心を打ち明けることはしない）

岡田は、「現代の青年たちは友人をみずから回避しようとしているわけではなく、本当は内面的なことにも触れる交流を求めているのではないかとコメントしています。このことから、青年が決して人と関わりたくないと思っているのではなく、その対応の仕方に戸惑ったり、不安を感じたりしていると考えられます。

恋心

恋心とはどんなもの？

「好き」と「愛している」のちがい

好意（liking）を抱いているのとロマンティックラブ（love）とはどう違うのでしょうか？

恋愛のはじまりは、友人から発展していくのが一般的です。会ってたわいもない話をしているうちに自分の悩みを相談するようになったり、親にも言えないようなことを相談しているうちに恋に発展していくことはよくあります。

恋心はそのように生まれていきますが、あなたは「男（女）友達の○○さんは好きだけど、愛してはいないな」と感じたことはありませんか？

この好き（liking）と愛（love）との違いを区別できる尺度を開発したのは**ルビン**という人です。

左ページに両方が測定できる項目例を示しておきますので、恋愛に悩んでいる方はぜひ試して、今のあなたの○○さんへの想いをチェックしてみましょう。

likingとloveのどちらに○が多かったですか？

リーによる愛のタイプ分類

ところが愛（love）にも次のような種類があることをリーが明らかにしています。ルダス（遊びの愛）、マニア（狂気的な愛）、プラグマ（実利的な愛）、エルス（美への愛）、ストーゲイ（友愛的な愛）、アガペ（愛他的な愛）です。あなたの愛はどのタイプでしょうか？

あなたの恋心チェック

あなたの◯◯さんへの想いは Liking でしょうか？　Love でしょうか？
あてはまる項目に☑をつけてください。

Liking チェック

- □ 1. ◯◯さんのような人になりたい
- □ 2. ◯◯さんと私とは似ているところが多い
- □ 3. ◯◯さんはとてもよい人だ
- □ 4. ◯◯さんは皆から尊敬されている
- □ 5. クラスの選挙では◯◯さんを推薦したい

Love チェック

- □ 1. もし◯◯さんが元気がなかったら真っ先に励ましてあげたい
- □ 2. ◯◯さんのためなら、どんなことでもしてあげたい
- □ 3. ひとりでいると◯◯さんに会いたくなる
- □ 4. ◯◯さんといると顔を見つめてしまう
- □ 5. ◯◯さんからメールがこないと寂しい

☑が多くついたほうが、今のあなたの◯◯さんへの気持ちです。

恋する二人の心理

恋は盲目といいますが、あなたにも心あたりがあるでしょうか？　詫摩は恋愛中の心理状態には２つの特徴があると解説しています。

まず１つ目の特徴は、恋愛相手を美化する傾向がある点。もう１つは、恋愛相手と同じ行動をとる傾向がある点です。これを**同調作用**といいます。

恋人との関係は、青年にとってもっとも親密な人間関係です。相手に自分のことを理解してもらうために自分の魅力を一生懸命にアピールしなければなりませんし、相手の気持ちを理解しようと必死になります。そうした相互理解をしようとする努力は、ときに人を人間的に大きく成長させてくれます。

青年意識の国民性

日本とアメリカの青年意識はどう違う？

日本の青年は独立意識が低く、親との関係が希薄

アメリカ人と日本人における国民性の違いは、どのようなところだと思いますか？

「日本人は、アメリカ人に比べて独立意識が低く、依存心が高い」「日本は集団主義の国だがアメリカは個人主義の国である」「日本社会は〝甘え社会〟である」などと多くの専門家は指摘しています。

小野寺はこの点に関心を抱き、日米の青年の心理に焦点を当てたアンケート調査を実施しました。その研究では、父親・母親との情緒的結びつきや、**独立意識・依存意識**が両国の青年でどの程度異なっているのかについて検討しています。

その結果、日本の男子大学生は、父親および母親とも情緒的な結びつきの強さをあらわす得点が他の3群（日本の女子大学生、アメリカの男子大学生、アメリカの女子大学生）に比べて低い傾向がありました。それに対してアメリカの男女はともに父親との情緒的絆が強いことがわかりました。

また独立意識は左ページのチェックテストを使って調べました。

それによると、独立意識得点はアメリカの男女のほうがはるかに日本の男女よりも高くなっていました。

このことから、日本の青年はアメリカの青年よりも独立意識が低く、さらに親との関係、とりわけ父親との関係が希薄であることがわかります。

では、あなたの独立意識得点は何点でしょうか？ ぜひテストをしてみてください。

あなたの独立意識　チェックテスト

下記の項目はあなた自身にどの程度当てはまっていますか。その程度を示す番号を□に記入し、その合計を出してみましょう。

1「まったくそうではない」　2「どちらかというとそうでない」
3「どちらともいえない」　4「少しそうである」　5「非常にそうである」

1. 将来就きたい職業が決まっている □
2. 小さなことでも自分で判断する □
3. 人生で出合う多くの困難は、自分の力で克服できると思う □
4. 自分の将来の進路や目標を、自分で決めることができる □
5. 経済的に自分ひとりで生活していけると思う □
6. 自分の判断に責任をもって行動することができる □
7. 自分の本当にやりたいことが見つかっている □
8. まわりの人と意見が違っても、
   自分が正しいと思うことを主張できる □
9. 自分の意見を言えずに相手に従ってしまうことはない □
10. 人生における目標を、
   自分の力で実現していくことができると思う □

10 項目の合計得点を出せましたか？
10 点～ 50 点までの得点が出るわけですが、
日本の青年男女の平均得点は 21 点、アメリカの青年男女の平均得点は 25 点でした。

コラム

「私って太っている?」 痩せたい願望に潜む心理

少しダイエットするつもりが、だんだんエスカレートして思わぬ病につながってしまうことがあります。摂食障害です。

摂食障害には神経性無食欲症と神経性過食症の2つの病態があり、青年期の女性に多くみられます。

神経性無食欲症は一般には**拒食症**といわれており、「食欲がないので痩せる→食べないので身体の調子が低下する→無月経になる」という流れで健康に支障をきたしていきます。本人は自分が異常だと認めていないことが多いのも特徴です。

一方の**過食症**は「気晴らし食い」といわれるように、お菓子などをコンビニで買ってきては気持ちが悪くなるまで食べ続け、嘔吐や下痢をくり返す行動をさします。無気力、抑うつ的になり、自分でも異常行動だと自覚している人が多いようです。両者はまったく正反対のように見えますが、拒食症の人が過食症になったり、またその逆になったりと病態は変化します。

摂食障害に陥る原因は、いくつかの要因が重なっています。患者に10代半ば～20代の女性が多いことを考えてみてもわかるように、痩身願望がきっかけで食事制限をはじめ、食行動に変調をきたして摂食障害へと進むケースが大半を占めています。

なぜ摂食障害は起きてしまうのでしょうか?

じつは摂食障害の人にはいくつかの共通点があります。「よい子・素直な子」「完璧主義者」「まじめ」「容姿に何らかのコンプレックスがある」「長女」などがそれです。幼いころから母親の言いつけをきちんと守り、何に対してもまじめに取り組もうとするお姉さんタイプの女性が、ダイエットを引き金に食行動に異常をきたすという場合が多いようです。

よい子の自分をやめて、自由でありのままの自分を出していくことが摂食障害から抜け出すひとつのきっかけになります。

Part6

成人期の発達

成人期に、人は人生の過渡期を迎えます。立ち止まって自分の人生を振り返るこの時期に、人はどのように発達するのでしょうか？

中年期のアイデンティティ

中年期は人生の正午に位置する

中年期は人生の正午〜ユング〜

精神分析学の立場から人間をとらえようとした**ユング**は、1933年に「人生の段階」という論文を発表し、そのなかで人の一生を太陽の変化にたとえています。たとえば40歳前後の中年期を「**人生の正午**」とよび、太陽が頭上を通過する時期であると説明しています。

太陽が真上を通過すると、今度はそこにできる影は逆の方向に映し出されますが、このときの変化はその後の人生を決定づけるような影響をおよぼすことがあるとユングは述べています。それは人生の前半（午前中）にとらえていた理想や価値観が逆転することを示唆するものであり、人生の後半になってはじめて、今までとは異なる価値観に出合うこともあるという考え方です。

中年期になると、親の死、ときには自分の病気など、人生に転機がおとずれることも少なくありません。ユングは自己実現していく過程では変化はつきものであると考え、そうした変化過程を「**個性化の過程**」または「**自己実現の過程**」とよんでいます。

人生80年という現代社会にあっては、太陽が頭上にくる40歳以降にさまざまな変化が待ち受けています。そうした変化に富んだ過程をいかに上手に過ごしていくかが、自己実現への方法であると考えるならば、成人期以降の人生は、若いころよりもさらに希望に満ちた楽しい時間であるととらえることができるのではないでしょうか。

人生の正午（ユングのライフサイクル）

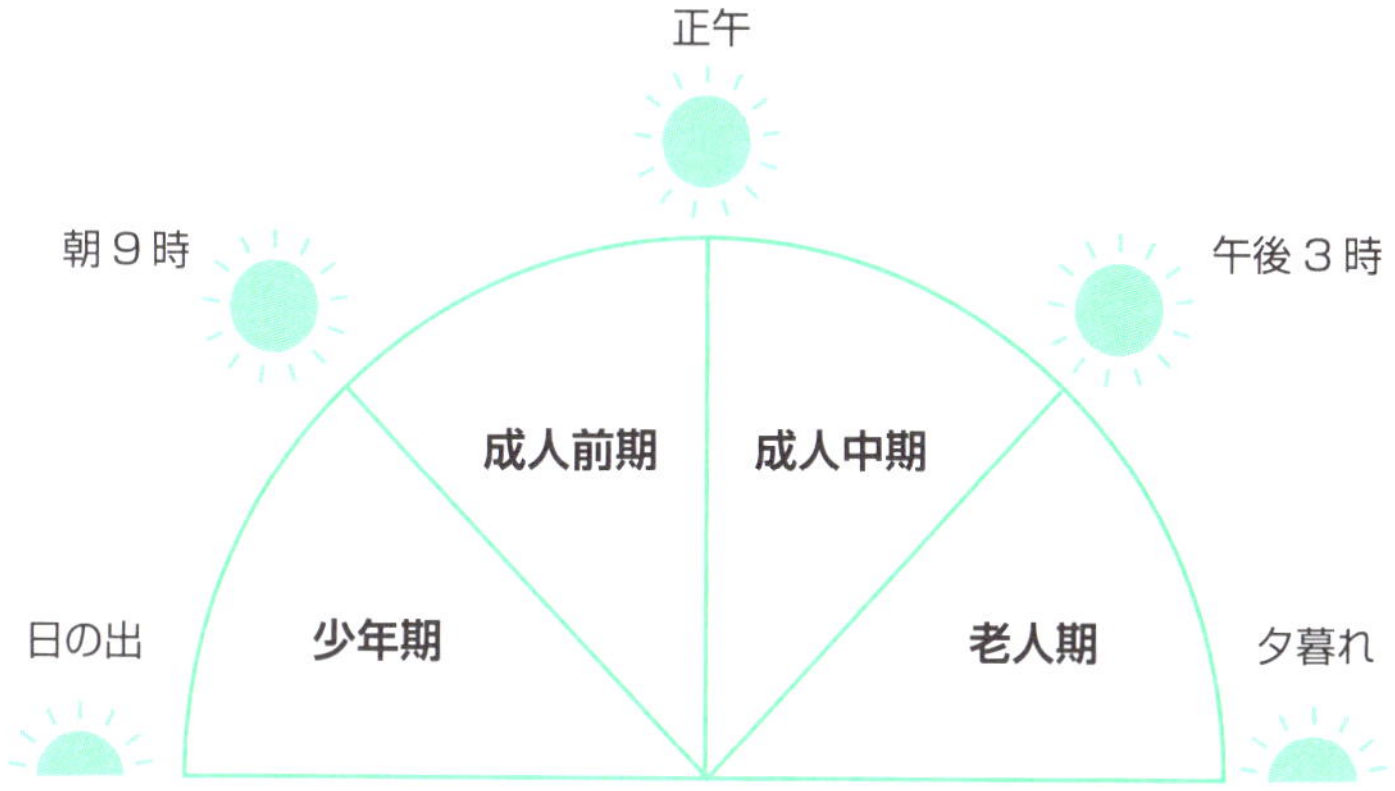

大人になっても自分探し～成人期のアイデンティティ再構築～

人生 80 年という時代になり、中年期に入ってからアイデンティティの再構築をする人々が増加する傾向にあります。

中年女性のアイデンティティの再構築の研究を行っている岡本は、中年期の心理的変化の特徴を、否定的な変化と肯定的な変化の２側面から明らかにしています。否定的な変化には①身体感覚や体力の衰え・体調の変化、②時間的展望のせばまりと逆転、③生産性における限界感の認識、④老いと死への不安といったものが含まれています。一方の肯定的な変化には、自己が確立しているという意識と安定感の増大といったものが含まれています。

最近の中年の女性たちは、子育てがひと段落するこの時期に、それまでの人生を振り返り、自らの人生のあり方や生き方の問い直しをしながら、別の新しい自分探しをしているのです。

生活構造の変化

成人期には生活構造が変化する

レヴィンソンは人生を4つの季節にたとえた

レヴィンソンはニューヨークに生まれ、カリフォルニア大学バークレー校で学んだ後に、1990年までエール大学で教鞭をとっていました。彼は1978年に『The Seasons of a Man's Life』を発表し、その著書のタイトルが示すように、人生を4つの季節にたとえています。すなわち児童期と青年期を春、成人前期を夏、成人中期を秋、そして高齢期(老年期)を冬にそれぞれ対応させています。また、その著書で35~40歳の工場労働者、管理職、生物学者、小説家の4つの職業分類のなかから各10人ずつの男性に面接調査を行い、図に示すようなライフサイクルの段階を提起しています。そして、生活構造が

女性の生活構造は男性より複雑

レヴィンソンの発達段階の図式は、男性を想定して作成されたものだったため、彼は1996年に、面接法を用いて女性の成人期の発達段階について『The Seasons of a Woman's Life』を発表しました。

その著書では、家庭を守る生き方をするのか、外に出て仕事に就く生き方をするのかという問題が中心にすえられていました。結果的には女性の生き方も男性と同じようなプロセスを経ていくとレヴィンソンは結論づけていますが、男性よりも結婚や出産によってライフスタイルが変わりやすい女性のほうが、生活構造プロセスは複雑であるとしています。

レヴィンソンによる成人期の発達段階

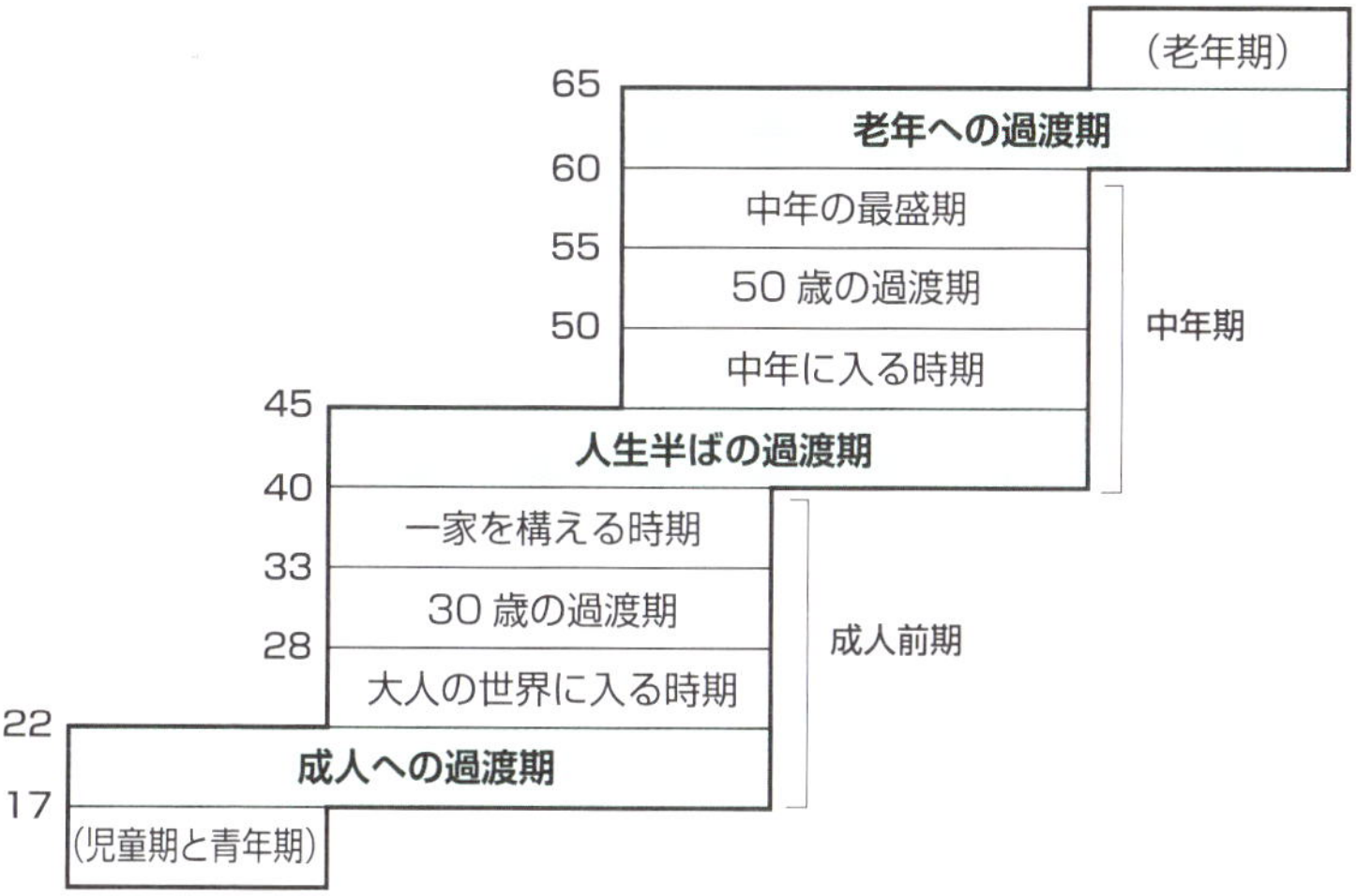

(数字は平均年齢)(レヴィンソン、1978)

安定している時期と変化する時期が交互に訪れることを明らかにし、その橋渡しをする時期を「過渡期」とよんでいます。この生活構造とは、ある時点におけるその人の生活の基本的パターンないし設計のことであり、「社会・文化的環境」(階層・宗教・民族・家族・政治体制・職業)「自己」「外界への参加」という3つの視点からとらえられると解説しています。

成人期は人生において一番長い期間を占めています。その時期に私たちは多くの転機を経験します。人生において生活構造は数度にわたって変化していきますが、新しい環境に適応するには少なくても4~5年の過渡期を経ることが必要です。この過渡期をうまく乗り切れるかどうかによって次の生活構造が安定したものになるかどうかが決まってくるのです。

長寿になればそれだけ人生の転機も多く訪れるわけですから、私たちは、それにうまく適応する力を身につけていく必要があるのではないでしょうか。

結婚

未婚化・晩婚化が進んでいる

未婚化の原因はどこにある?

現代の日本では、未婚化・晩婚化が進んでいます。未婚化の原因を探ったアンケート(小泉内閣メールマガジン「第三回政策アンケート」2005年7月)によると、高いものから順に「結婚に対する価値観の変化」(67・6%)「独身生活が快適」(54・2%)「経済的な不安がある」(47・0%)「仕事と家庭の両立に不安がある」(40・9%)と続いていました。

ここでいう結婚に対する価値観の変化というのはどのような変化なのでしょうか。そのひとつのあらわれに、家庭内での夫婦の役割分担意識(性役割観)の変化が考えられます。たとえば「夫は外で働き、妻は家庭を守るべきである」という意見に対して疑

現代女性が理想とする結婚相手とは!?

1980年代末ごろのバブル全盛期には、日本の女性が求める理想の男性像として、3高という条件があげられていました。この**3高**とは「高学歴」「高収入」「高身長」をさしています。

ところが小倉によると、2000年代に入ってから女性が結婚相手に求める条件は**3C**、Comfortable、Communicative、Cooperativeであると指摘しています。最初のComfortableとは今の生活水準を落とさずに十分な収入がある人、次のCommunicativeとは価値観やライフスタイルが一緒で心が通じ合える人、最後のCooperativeとは家事や育児に協力的ですすんで家事をこなしてくれる人をさしています。

問を感じる女性も増えてきました。

これは、女性であっても男性と同じ教育を受け、性別によって仕事内容が異なる時代ではなくなりつつあるため、結婚しても仕事を継続したいという意欲的な女性が増えてきたことが影響しているといえます。

また、結婚もしたいが、自分らしさを失いたくはない、つまり子育てをすることで自分がこれまでに築いてきたキャリアをあきらめざるをえなくなるならば、結婚はしないでひとり身でいるほうがよい、あるいは結婚はするが、子どもはいなくてもよいと考える女性が増えてきているのかもしれません。

エリクソンは、結婚を意識するような20代後半から30代前半の時期の発達課題として「**親密性**」をあげています。これは異性に対して身体的・知的・情緒的に接近する気持ちであり、通常は他人に隠している自分の気持ちを相手に開示することをさしています。男女が結婚することによってすぐに親密性が確立されるのではなく、子どもが誕生することで二人の関係が強まるころ、本当の意味での親密性が確立されるとエリクソンは述べています。

未婚化・晩婚化が進むにつれ、この親密性という発達課題の達成も先延ばしされてしまうことが懸念されます。

育児

親になると人はどう変わる?

子どもをもつことで親としての意識が生まれる

結婚をして子どもが生まれるという経験は、ごくあたりまえのことですが、その心理的過程についてこれまで研究されることは少なかったのが現実です。

そうした状況のなかで、小野寺は親になっていく心理的プロセスについて次のような報告をしています。それによると、夫婦ともに子どもの誕生を楽しみにしているというのは納得できる結果の一方で、生まれてくる子どもが五体満足かどうか気にかけ、子どもの世話(授乳や入浴)を心配していることがわかりました。父親になる夫の特徴としては、一家を支えていくのは自分しかいないという意識や、自分はよい父親になれると思う自信が妻よりも強いという傾向がみられました。

一方で、母親となる妻は、親になる実感を夫よりも強くもち、親になることで人間的に成長して一人前になれるような気がすると考えていることがわかりました。その反面、妊娠によって行動が制約され、家事への負担感も強い傾向がありました。

歳を重ねるにつれ「柔軟性」「自己抑制」が強くなる

親として子どもを育てていく過程は、**ジェネラティヴィティ**を獲得していく過程であるといえます(208ページ参照)。かつての発達観では、人は大人になれば人格的な成長・変化はみられず、ほぼ安定してそのまま年をとっていくと考えられてきました。ところが、「人は生涯にわたって自己を

親になる意識は夫婦で異なる

母親になったら
一人前に
なれるかな
一家を支える
のがオレの
役目!!

責任感も負担感もある　　自信が湧く

発達させていくものであり、老いることも含めて発達をとらえるべきである」とする**バルテス**の考え方が支持されるようになってきています。たとえばウィンクとヘルソンは協調性、社会性、誠実性（責任感や自制心）は年齢が上がるにつれて高くなることを明らかにしています。それに対して開放性（好奇心）は加齢とともに低下することがマッカーレによって報告されています。このことからも、人は年齢を重ねるにつれてなお、さまざまな変化をしていることがわかります。

では、親であることは、人格的変化に何らかの影響を与えているのでしょうか。柏木・若松は、親になったことによる「発達」について研究しています。彼らは、親になると柔軟性が高くなり視野が広くなって自己抑制ができるようになること、さらには物事を「運命」だと受け容れるようになると報告しています。

また、そうした変化は父親よりも母親のほうが大きいことが指摘されています。

子どもへの虐待

なぜ子どもを虐待してしまうのだろう？

虐待する親の増加

近年の日本では、日々**虐待**ケースが報告され、社会的な取り組みが必要とされています。平成30年度に児童相談所が受けた虐待の相談件数は15万9850件でした。平成12年度の件数が1万7725件でしたから、著しい増加を示しています。アメリカでは、日本よりも40年近くも前に小児科医のヘンリー・ケンプが「**打撲児症候群**」（the Battered-child Syndrome）としてこの問題を取り上げて社会問題になっていました。日本でも最近になって虐待件数が著しく増加していることに驚かされます。

虐待の定義

2000年に成立した児童虐待防止法では、保護者（親権を行う者、未成年後見人その他の者で、児童を現に監護するものをいう）がその監護する児童（18歳未満）に対して次のようなことを行うことを「虐待」と定義しています。

①**身体的虐待**（身体に外傷が生じ、または生じる恐れのある暴行を加えること）
②**性的虐待**（性交、性的暴行、性的行為を強要すること）
③**心理的虐待**（暴言や差別など心理的外傷を与えること）
④**ネグレクト**（食事を与えないなど、児童の健康を脅かすこと）

親から虐待を受けた子どもは、身体的な傷が癒えたとしても、**心の傷（トラウマ）**は残り、児童期、青年期にさまざまな不適応行動を起こすケースが多くみられます。そのひとつとして、児童期の虐待と**解離性人格障害（多重人格）**との関連性が指摘されています。

母親自身のストレスが原因となることが多い

親はなぜ、愛すべき子どもを虐待してしまうのでしょうか。谷村は子どもを虐待してしまう原因について、母親の育児から発するストレスが高じて抑うつ傾向が強くなり、母親自身のストレスのはけ口として子どもを虐待してしまうケースが増加していることを指摘しています。

また虐待する親自身も、幼児期に虐待されて育った人が多いという世代間連鎖の問題も指摘されています。

藤田・松岡が「本来自分を愛してくれるはずの親から攻撃を受けた経験は、自分に密接な人間は自分を攻撃する、あるいは見捨てるといった脅威につながるものとして学習され、基本的信頼関係の形成を否定している」と述べています。

この考え方はバンデューラに代表される社会的学習理論に基づくものであり、自分の親から攻撃的態度で育てられてしまうと、大人になって自分が子育てをする際に、すでに学習されている暴力的な育児態度が出現して、子どもを虐待してしまうという考え方です。

虐待をする母親は、実母との愛着関係が不安定であり、エリクソンが幼児期までに習得すべきであるとした基本的信頼（誰かのことを全面的に信頼できるということ）が確立されないまま大人になってしまっていることが多いことが考えられます。

したがって、わが子への接し方もわからない場合が多く、愛着も不安定となり、そこに世代を超えて歪んだ人間関係が継承され虐待へとつながってしまう可能性があるのです。

夫婦の関係

子どもがいると夫婦関係はどう変化するのだろう？

妻はイライラ、夫は我慢

夫婦関係は子どもができて親になることによってどのように変化していくのでしょうか。まず日本では親になるとお互いを「お母さん」とか「お父さん」などと役割の呼称でよぶ夫婦が増えるのではないでしょうか。

小野寺は、親になる前、そして親になってからの4年間にわたって同じ夫婦を縦断的に調査し、子どもが生まれてからの変化を考察しています。その結果、結婚前は和気あいあいとして仲がよいことを示す親密性が、親になると男女ともに下がってしまうことがわかりました。そして、妻の頑固さは親になると高くなっていくのです。これは妻は母親となって育児にイライラすることも多くなり、夫のちょっとした過ちにも感情的になっていると解釈できます。

また、夫は妻に対して不快なことがあっても、我慢してしまう傾向が認められました。

では、なぜ子どもが生まれることによって夫婦間の親密性は下がってしまうのでしょうか。小野寺は、妻の場合は夫が育児にあまり参加してくれないことが、夫の場合は妻が育児に疲れイライラしていることが、お互いの親密性を下げる要因であると述べています。育児を少しでも手伝ってほしいと妻が思うのに、夫が非協力であると妻はますます夫に対して頑固になってイライラします。その妻のイライラする姿を見て夫は、内心「昔はこんな女性でなかったのに…」と思ってしまうようです。

あなたと配偶者の関係性はどんなもの？

次の質問は、あなたとあなたの配偶者の関係を探るテストです。

1「まったくそうではない」2「あまりそうでない」3「少しそうである」4「非常にそうである」

のうち、当てはまる番号を選んで□に番号を記入し、合計点と平均得点を出してください。

Ⅰ．親密性

1. 夫／妻とは和気あいあいとした仲である □
2. 夫／妻に甘えている □
3. 夫／妻にあけっぴろげで自由になれる □
4. 夫／妻にわがままになってしまう □
5. 夫／妻に冗談を言ったり軽口をたたく □
6. 夫／妻がいないとさびしい □

□ 合計得点 ÷ 6 = □

Ⅱ．我慢

1. 夫／妻の顔色をうかがってしまう □
2. 夫／妻の反対にあうと自分の考えを抑えてしまう □
3. 夫／妻に不快なことがあっても我慢してしまう □

□ 合計得点 ÷ 3 = □

Ⅲ．頑固

1. 夫／妻の失敗や過ちにはきびしい □
2. 夫／妻に頑固になってしまう □
3. 夫婦げんかになっても感情的にならない □

□ 合計得点 ÷ 3 = □

Ⅳ．冷静

1. 夫／妻が決断できないときには自分が指示を出す □
2. 夫／妻の行動を冷静にみられる □

□ 合計得点 ÷ 2 = □

次のページに、子どもが生まれてからの夫婦関係の変化の図がありますので、ご自身の得点をあてはめながらご覧ください。

子どもが生まれてからの夫婦関係の変化

Ⅰ. 親密性の変化

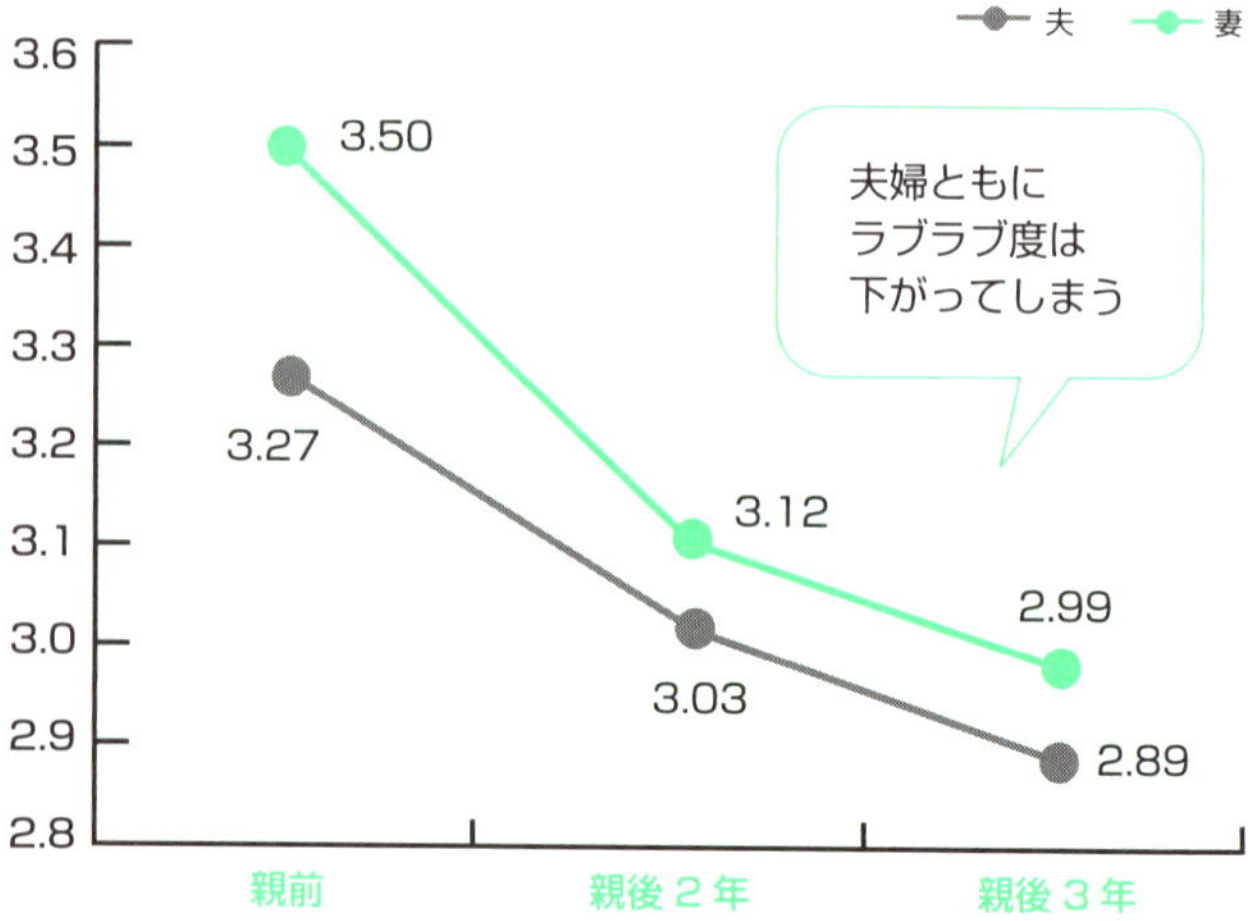

Ⅱ. 我慢度の変化

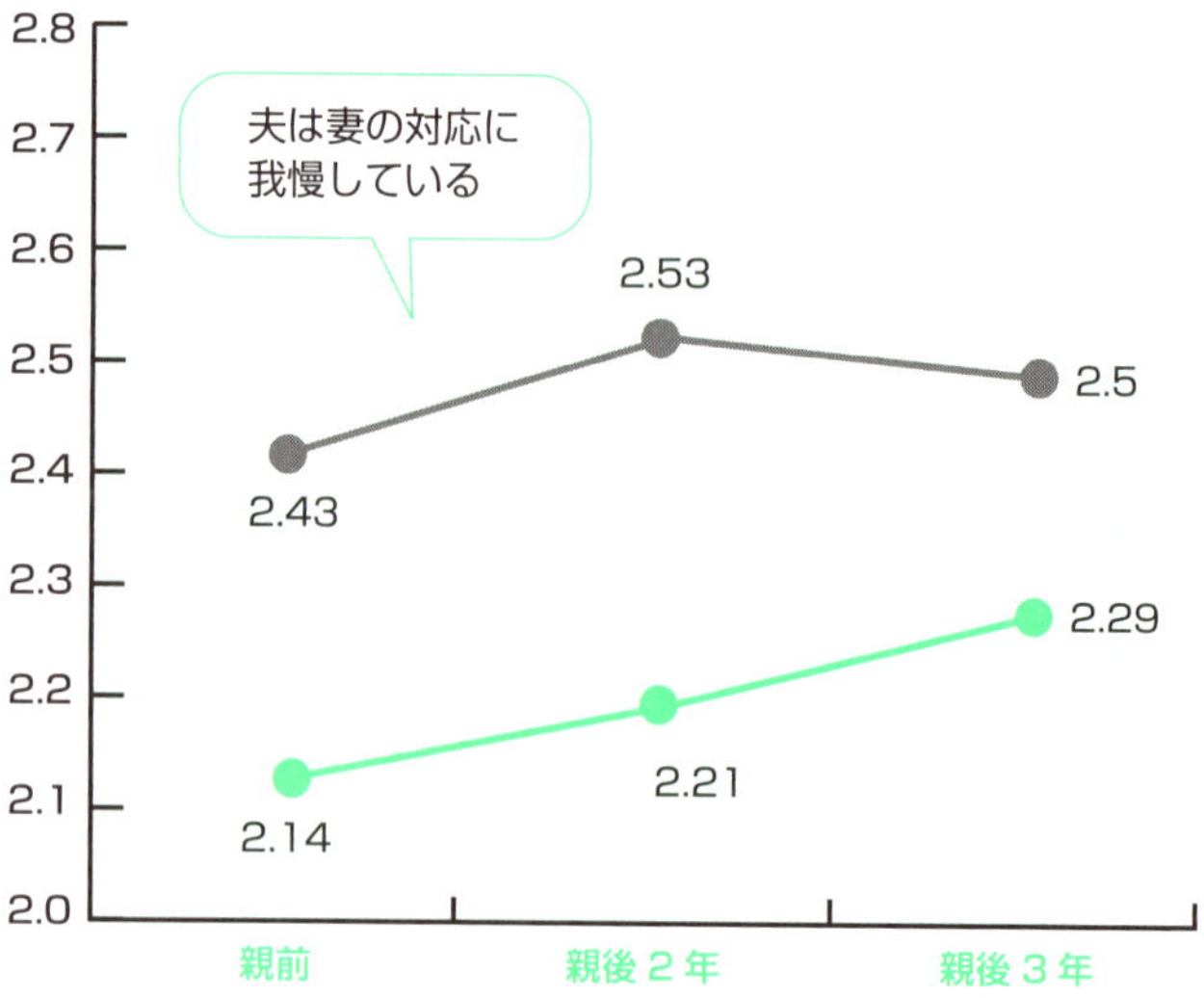

Ⅲ. 頑固さの変化

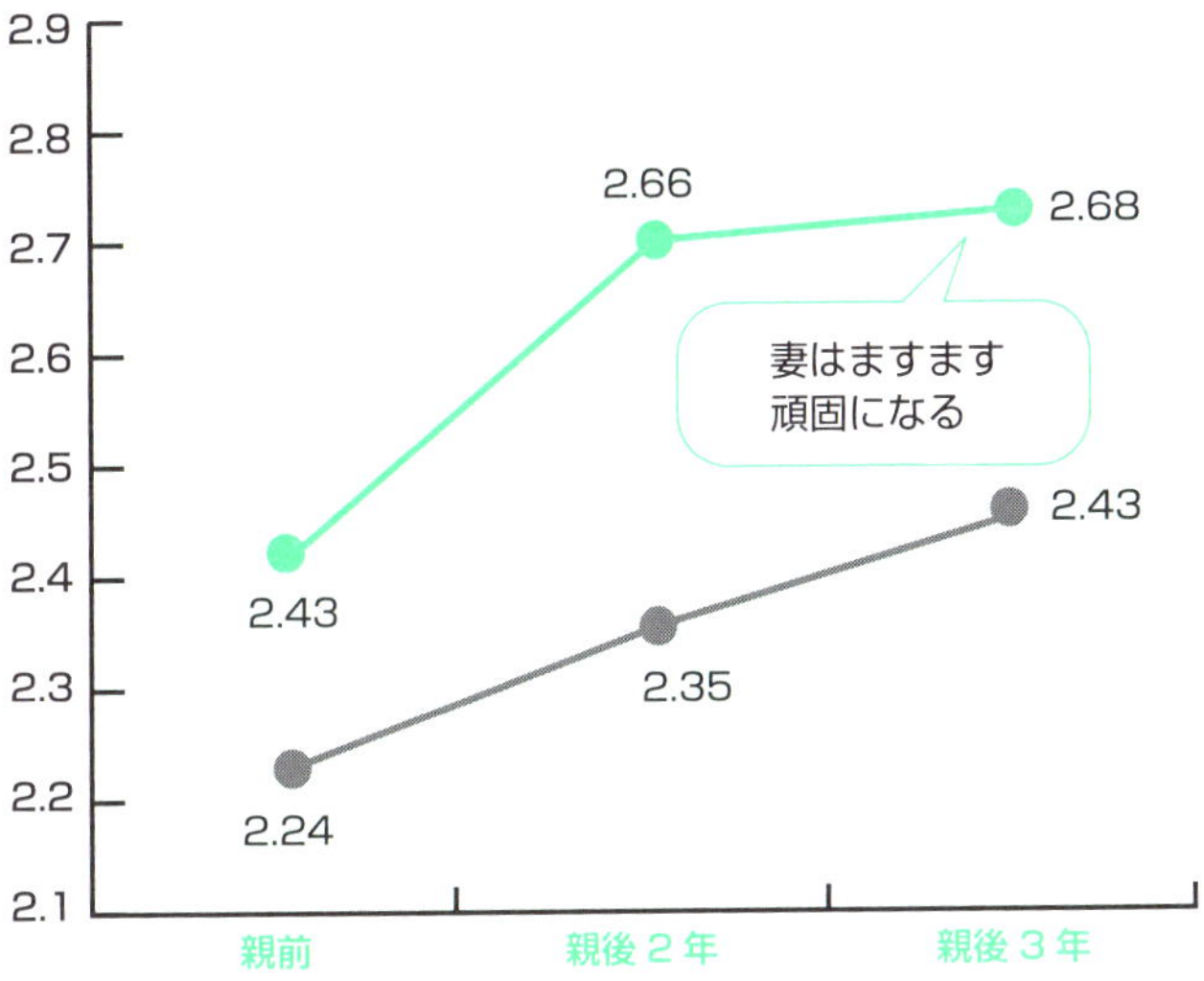

Ⅳ. 冷静さの変化

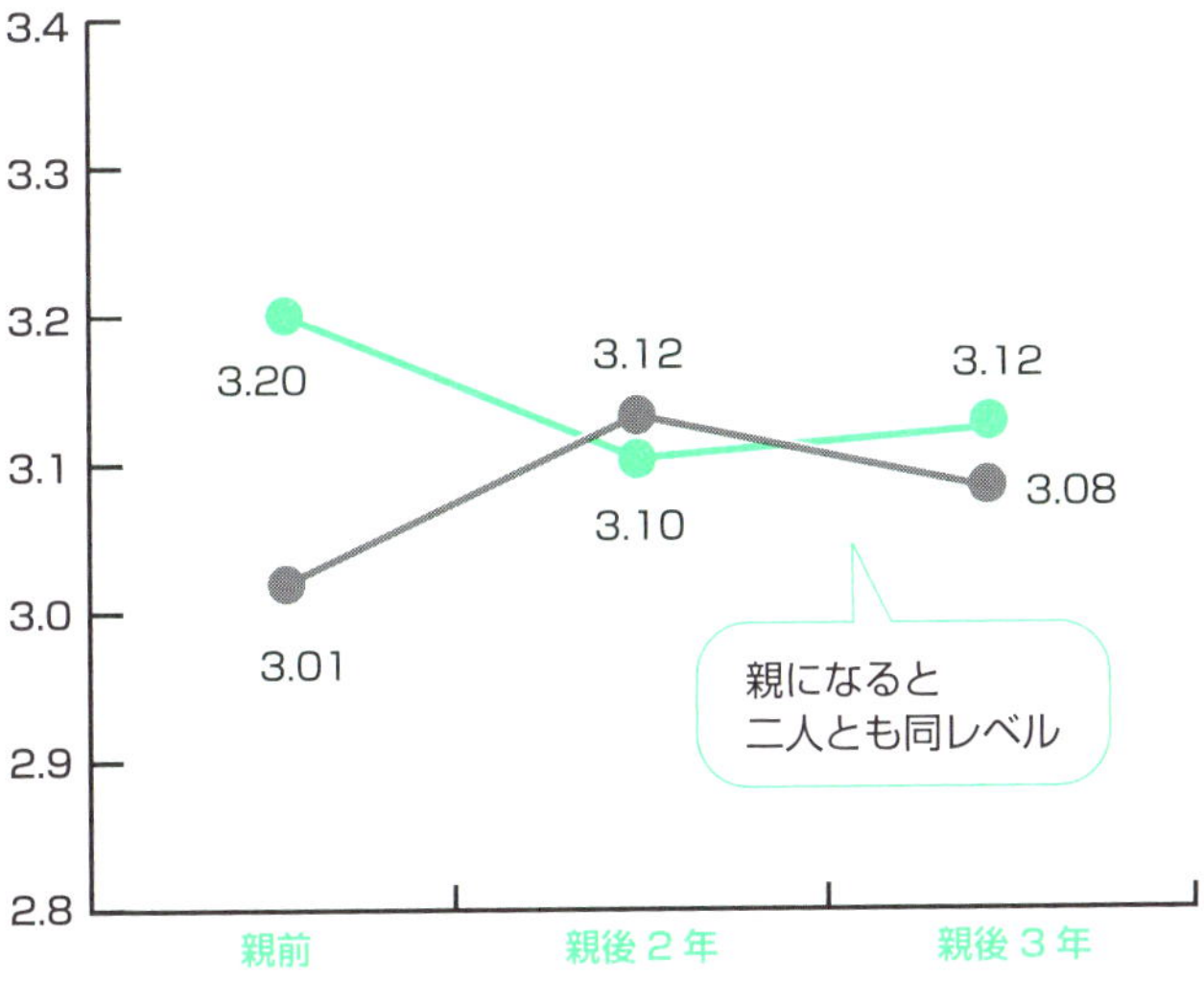

更年期

更年期にみられる心と身体の変化

更年期にみられる症状と原因

身体が急に熱くなって、汗が額から吹き出てくる……これは**更年期**にみられる症状のひとつです。

日本産婦人科学会によれば、更年期とは「生殖期と非生殖期の間の移行期をいい、卵巣機能が減退しはじめ、消失するまでの時期」と定義されています。わが国では閉経平均年齢が50～51歳ですので、その前後5年の45～55歳くらいの時期を更年期とするのが一般的です。

更年期には多種多様の症状があらわれてきます。たとえば夏でもないのに、だらだらと汗をかいたり、手足が冷えて、寝つけなくなったり、動悸がしたり……といったものがあげられます。

更年期の症状には個人差があり、いくつもの症状が同時にあらわれたり、日ごとに症状が異なったり（不定愁訴）して多くの女性を悩ませています。

これらの更年期症状が発生する原因は①閉経にともなう卵巣からのエストロゲン分泌の低下、②社会的・文化的な環境因子、および③個々の女性の性格構造に基づく心理的因子、この3つの要因が密接に関係しあっていると考えられています。

更年期を乗り切る秘訣はクヨクヨしないこと

阪田・小野寺は35～55歳までの中年女性の健康状態と更年期に対する意識との関係について、2007年にアンケート調査を実施しています。

その結果、自分が更年期だと感じたことがある

更年期女性の幸福感

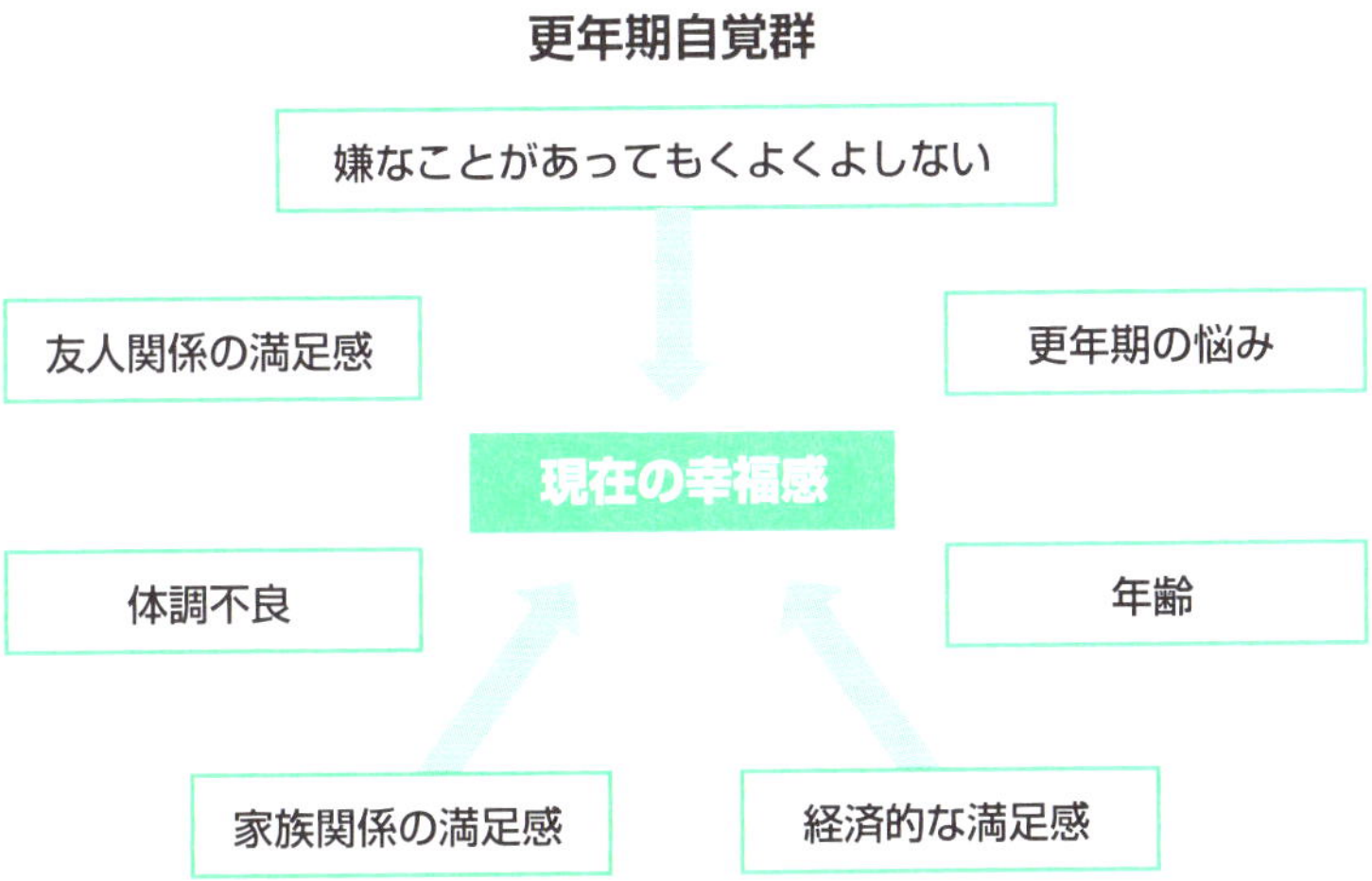

人は35～39歳では25・0％、40～44歳では48・9％、45～54歳では61・1％となっていました。

　予想通り、年齢層が上がるにつれ更年期の自覚は高くなっていましたが、30代でも更年期だと感じている人が25％いたことには驚きます。

　アンケートの結果を受けて、さらに分析を行ったところ、興味深いことが明らかになりました。自分は更年期だと自覚している人たちの幸福感は「嫌なことがあってもくよくよしない」人ほど高くなっているのです。

　とかく自分が更年期で体調が悪くなると気分もふさぎこんでしまう人が多いといわれていますが、くよくよせずに前向きに日々の生活を送っていくことがいかに大切であるかがわかります。

　また、現在の家族との生活に対する満足感と経済的満足感も、現在の幸福感に影響していることが明らかになりました。

喪失

人は「喪失」とどのように付き合っていく？

ヘックハウゼンの生涯コントロール理論

歳を重ねるにつれて、私たちの記憶力や体力が衰えていくのは仕方のないことです。人は加齢にともなって直面する「喪失」と常に上手に折り合いをつけながら生活しています。

そして、こうした喪失や変化を上手に受け容れるために、私たちは成長と喪失をコントロールする方法を身につけているのです。その方法を**ヘックハウゼン**は「**発達的制御の行為位相モデル**」という、少し難しい概念を使って説明しています。ひと言でいうと、中年になると、目標への取り組み方を変えたり、その目標をあきらめるというプロセスを日常生活のなかで無意識に行っているということです。

ジェネラティヴィティ（世代性）

エリクソンは、自らが提唱した８つの心理社会的発達課題のなかの「親密性」に続く段階として**ジェネラティヴィティ（世代性）**をあげています。

このジェネラティヴィティとは、次の世代の確立と指導に対する興味・関心のことであり、親が子どもを保護し育てるために自分の資質、技能、創造性を十分に発揮して、社会に貢献していくことをさします。

結婚しても子どもをもたない場合や独身者の場合は、自分の子どもでなくても次世代の人々の教育に携わったり、関わりをもつことによってジェネラティヴィティを形成していくことができると考えられます。

そのプロセスでは、**一次的コントロール**と**二次的コントロール**という制御が行われています。一次的コントロールとは、周囲の環境に自ら直接働きかけをして、自分の希望にそうように環境を変えていこうとすることです（例：新しい技術を学ぶ、他人に援助を頼む）。

それに対して二次的コントロールというのは、自分の内面に働きかけ、自分の目標や願望を調整しようとすることです（例：若いころにやっていたジョギングをウォーキングにして運動は続ける）

一次的コントロールはあらゆる年齢の人が用いる方略ですが、中年期ではとくに二次的コントロールを用いる場合が多くなると、ヘックハウゼンは指摘しています。

中年期はちょうど人生の折り返し地点です。この先、自己がさまざまな方面で成長していく可能性がまだ残されている反面、若いころから抱き続けてきた目標を達成するには時間がなくなりつつある時期でもあります。

ですから、中年期は、今後とも継続してやっていくのか、それともあきらめるのかといった選択を常に迫られる時期です。その選択の際に、人は一次的、二次的コントロールを行いながら自分にとって最適な生き方を模索していると考えられます。

コラム

ドメスティックバイオレンス（DV）

ドメスティックバイオレンス（Domestic Violence 通称**DV**）の正確な訳語は「家庭内の暴力」です。このDVというのは「配偶者（事実婚）・元配偶者からの暴力」をさし、「身体的暴力」「精神的暴力」「性的暴力」の要因が含まれています。平成13年には、夫婦間の暴力は犯罪であることが示されました。

DVはなぜ起きてしまうのでしょうか。心理学者の大渕は、DVが起きるメカニズムを「**衝動的攻撃性**」の概念から説明しています。それによると、DVのような「衝動的攻撃性」には「**非挑発性**」（普通ならば攻撃性を誘発することのないことに対して攻撃性を感じること）と、「**非機能性**」（攻撃しても何の問題解決にもならないこと）が特徴としてあると考えられています。

暴力をふるう加害者は、社会に出ると人当たりがよく、優しいと思われている人が多いようです。しかしウォーカーは、妻に暴力をふるう夫の特徴として、①自己評価が低い、②男性至上主義者で家庭における男性の性役割を振りかざす、③病的なほど嫉妬深い、④自分のストレス発散のため酒を飲み、妻を虐待する…などをあげています。外では人に気をつかう分、そのストレスを妻に向けていることが考えられます。

では、ＤＶを受ける女性はなぜ逃げようとしないのでしょうか？　それは、逃げたら殺されるかもしれないという恐怖心や、今の状況から脱することはできないという無気力状態に陥っているからです。また、暴力を愛の証拠だと思いこんだり、いつか夫も変わってくれるはずだという期待から、じっと耐えている女性もいます。子どもがいる場合は、子どもの安全と就学の問題、経済的問題などが絡んでくるので、状況はさらに複雑になってしまいます。しかし父親が母親に暴力をふるっている場面を目撃した子どもは、心身の発達に悪影響を受ける恐れがあります。

理由はどうであれ、暴力をふるうということは許される行為ではありません。

Part7

高齢期の発達

高齢期に、人は身体的・精神的な変化を経験します。本章では、高齢期にみられるさまざまな身体的・心理的発達の変化について、詳しく解説します。

高齢期のはじまり

人は何歳から「高齢者」とよばれるのだろう？

高齢者は65歳以上の人をさす

最近になって**高齢者**という言葉が定着してきましたが、以前は「老人」「お年寄り」といった言葉が一般的に使われていました。そこでは一般的に、老人というとヨボヨボで、杖でもつかないと歩けないようなイメージがあったのではないでしょうか。事実、老人の老の字は腰の曲がったお年寄りが杖をついているという象形文字から生まれてきたようです。

では公的には何歳からを高齢者としているのでしょうか。日本では65歳以上の人たちを高齢者としており、65～74歳までの人々を前期高齢者、75歳以上の人々を後期高齢者とよんでいます。平成27年版「高齢社会白書」によれば、平成26年における前期高齢者数は男性810万人、女性898万人で総人口に占める割合は13・4％、後期高齢者は男性612万人、女性979万人で総人口に占める割合は12・5％となっています。また、65歳以上の人口が総人口で占める割合（高齢化率）が26・0％（前年は25・1％）に上昇しており、日本はますます高齢者が増加していることになります。

今後、総人口は減少していくと予想されますが、高齢化率は上昇し続けると考えられており、2060年（平成72年）には、2・5人にひとりが65歳以上の前期高齢者、4人にひとりが75歳以上の後期高齢者になると試算されています。

2055年には女性の平均寿命は90歳に!?

高齢者の寿命はどんどん延びている

日本は世界一の長寿国として有名です。２０１５年の日本人の平均寿命は、男性が80・21歳、女性が86・61歳となっており、まだこの数値は上がるだろうといわれています。たとえば２０５５年になると男性の平均寿命は83・7歳、女性の平均寿命は90・3歳になることが予想されています。

高齢者のひとり暮らしが増えている

今どきの高齢者は誰と一緒に住んでいる場合が多いのでしょうか？

1980年には子どもとの同居率が70%近くありましたが、1999年には50%を割り、2005年には45. 0%までに低下しています。

また65歳以上の高齢者の配偶関係についてみると、2005年における有配偶者率は男性が81. 8%、女性は47. 1%であることから、女性高齢者のおよそ2人にひとりはすでに配偶者がいないことになります。子どもがいても同居はせず、ひとり暮らしをする高齢者（とりわけ女性）が、年々増えてきています。

成長・発達

高齢者も成長・発達するの？

未経験の状況に対応する力は衰えていく

年齢を重ねるにつれて人の記憶力は衰え、物忘れはひどくなるといわれています。事実、多くの方々がそういった経験をしていることでしょう。

キャッテルは、知能は流動性知能と結晶性知能に分けて考えることができると考えました。**流動性知能**とは、大脳神経の働きを基礎とする生得的能力の影響を受けて発達していく能力であり、未知の課題や、これまで経験したことがない状況に対処する際に働く知能のことをさしています。たとえば、瞬時に物事を記憶するような**作動記憶**は流動性知能です。しかしこの流動性知能は加齢の影響を受けやすく、徐々に低下すると考えられています。

日本の高齢者は元気！

内閣府は、平成18年に行った「高齢者の生活と意識に関する国際比較調査」のなかで、60歳以上のアメリカ、フランス、韓国、ドイツそして日本の高齢者が自分をどのくらい健康だと思っているかを尋ねています。その結果、64.4%の日本人高齢者は自分を健康であると割合しており、5か国のなかで一番高い割合になっていました。次がアメリカ、フランス、韓国、ドイツの順でした。また「病気がちで寝込むことがある」の回答が一番高かったのは韓国で、日本はこれらの国のなかで一番低い数字となっています。

高齢者は病気がちで、物忘れがひどく、孤独であるといった俗説は、日本の高齢者にはあてはまらないようです。

流動性知能と結晶性知能の発達的変化のモデル

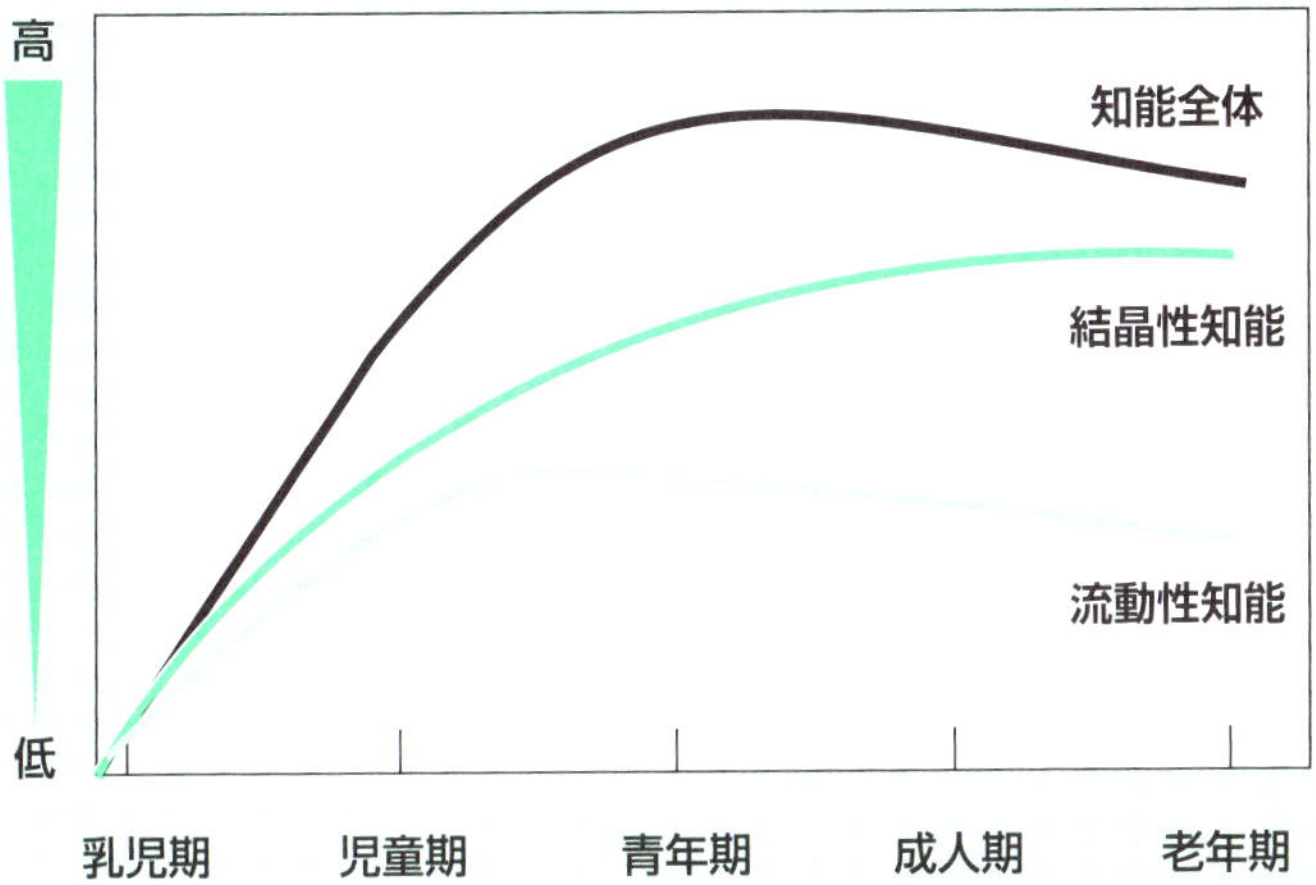

（ホーン、1970）

経験を経て体得した知能は、歳を経ても低下しない

　それに対して**結晶性知能**は、教育、学習、経験などの社会文化的機会を通じて蓄積し、発達していく能力であり、通常の加齢ではほとんど低下しない知能です。かなり前に、おばあちゃんの知恵を集めた書籍が出版されたことがありました。手際よい家事のやり方や生活の知恵を、おばあちゃんが教えるというもので、これは結晶性知能にあたります。この知能は、実践的知識や問題解決能力、人生をより豊かに生きていくために今までの知識を応用させる能力であるといえます。結晶性知能の変化は、個人差が大きく、教育歴や健康状態、生活環境といったこれまでの生き方から影響を受けると考えられています。

記憶力の低下

加齢による記憶の変化

記憶の長さには3つの種類がある

加齢とともに「あのテレビに出ている人…誰だっけ」とか「あ〜、あれね」「そう、あれ」という会話が増えてきませんか？　これはまさに記憶力の低下です。

記憶は保持される時間の長さによって「感覚記憶」、「短期記憶」、「長期記憶」の3つに分類されています。

感覚記憶とは、感覚器官を通して入ってくる膨大な情報を瞬間的に保持する記憶のことです。視覚刺激では1秒以内、聴覚刺激では数秒以内といわれています。**短期記憶**とは、およそ15〜30秒程度の保持時間の記憶のことをいいます。

長期記憶は、一度記憶されると半永久的に保持され続けるといわれる記憶で、3分類あります。

> **長期記憶の3分類**
> ●意味記憶…物の名前、人の名前
> ●エピソード記憶…特定のときに特定の場所で学習された情報に関連する記憶（たとえば昨日の夕食に食べたもの・いつ・どこでといった属性が付随している）
> ●手続記憶…自転車に乗る、水泳をするといった技能や、外国語のヒアリングのような認知的技能の獲得の際に働く記憶

歳をとれば、誰でも記憶力は衰えてきます。しかし、その衰えに対してなんらかの策を講じてそれを遅らせることは可能です。

改訂長谷川式簡易知能評価スケールの例（HDS-R）

以下は、認知症がどうかをチェックするために使われる項目例です。

1.お歳はいくつですか？
2.今日は何年の何月何日ですか？　何曜日ですか？
3.私たちが今いるところはどこですか？
4.これから言う３つの言葉（例：自動車、テレビ、犬）を言ってみてください。
5.100から７を順番に引いてください。
6.私がこれから言う数字を逆から言ってください。（例：６－８－２、３－５－２－９）
7.先ほど覚えてもらった言葉（例：自動車、テレビ、犬）をもう一度言ってみてください。
8.これから５つの品物を見せます。それを隠しますので何があったか言ってください。（時計、鍵、タバコ、ペン、硬貨など）
9.知っている野菜の名前をできるだけ多く言ってください。

病気

認知症とはどんな病気？

認知症

最近では痴呆症という呼び名にかわって**認知症**という言葉がよく使われるようになりました。それは、痴呆という言葉が差別的で、高齢者を侮辱するような表現であるということから、２００４年12月に厚生労働省が「認知症」という表現に変更するよう通達したためです。

では、認知症とはどのような症状をいうのでしょうか。アルツハイマー病とはどのような違いがあるのでしょうか。

まず認知症は、日常生活に支障をきたすほど、知能や社会で生活する能力が徐々に低下してしまうことが特徴です。つまり、脳や身体の疾患が原因で記憶や判断力などの知能が後天的に低下してしまい、普通の社会生活を送ることができなくなった状態のことをさしています。

かつて認知症は加齢にともなう老化現象であると考えられていた時代もありましたが、今では脳を侵す基礎疾患によって引き起こされることがわかっています。そしてこの認知症を引き起こす脳の代表的な病気に、アルツハイマー病と脳血管性認知症があるのです。

アルツハイマー病

アルツハイマー病という病名は、１９０６年に医師のアルツハイマーが、認知症で死亡した女性の脳を調べたところ、脳組織に脳細胞の異常なかたまりと不規則なねじれがあることを発見したことに由来しています。現在ではこのかたまり（プラーク）とこぶ（タングルとよばれている）が脳にあらわれていることがアルツハイマー病の顕著な特徴だといわれています。脳のニューロンがゆっくりと死滅し、神経伝達物質の量が減少し、脳のなかで信号伝達に問題が生じてしまうのです。

　アルツハイマー病の具体的症状には次のようなものがあげられます。

①物忘れが徐々にひどくなる。家族の名前も忘れるようになってしまう。
②自分の考えを表現する言葉や会話を続ける言葉が見つからなくなる。
③方向や時間の感覚を失う。住み慣れた地域でも迷子になったりする。
④判断力を失う。火にかけたやかんの水が沸騰したときにどうすればいいのかといったとっさの判断ができなくなり、安全がおびやかされる。
⑤慣れた作業ができない。何十年もやってきた料理の手順がわからなくなったり、歯磨きの仕方がわからなくなったりする。
⑥人格が変わる。うつ病を併発することがよくある。落ち着きのなさも特徴のひとつ。病気の進行とともに不安や攻撃性が現れる場合もある。

脳血管性認知症

脳血管性認知症は、脳に血液を供給する動脈の狭窄や閉塞、あるいは脳内部の血管の遮断による脳梗塞や脳出血、くも膜下出血が原因で起こるものです。突然起きることが多いのですが、ゆっくり進行する場合もあり、アルツハイマー病と区別することは難しいようです。認知症全体の約10～15％が脳血管性認知症に分類されます。

死の受容・生きがい

人は「死」をどのように受け容れていくのだろう？

キューブラー・ロスモデルの「死の受容のプロセス」

精神科医であったエリザベス・キューブラー・ロスは、死と死ぬことについての本（『死ぬ瞬間』）を1969年に出版しました。そのなかで、彼女は「**死の受容のプロセス**」と呼ばれているキューブラー・ロスモデルを提唱しています。誰もが避けて通りたいと思っている「死」という問題に真っ向から立ち向かい、まさに死の間際にある患者との関わりや悲哀（grief）について説明しています。彼女による死の受容のプロセスとは以下のようなものです。

否認――自分が死ぬということは嘘ではないのかと疑う段階

怒り――なぜ自分が死ななければならないのかという怒りを周囲に向ける段階

取引――なんとか死なずにすむように取引をしようと試みる段階。何かにすがろうという心理状態

抑うつ――何もできなくなる段階

受容――最終的に自分が死に行くことを受け容れる段階

エリクソンの「最後の発達課題」

エリクソンの最終の発達課題は「自我の統合　対　絶望」です。高齢期に今まで生きてきた人生を振り返り、よいことも悪いことも含めて、自分の歩んで

死の受容のプロセス

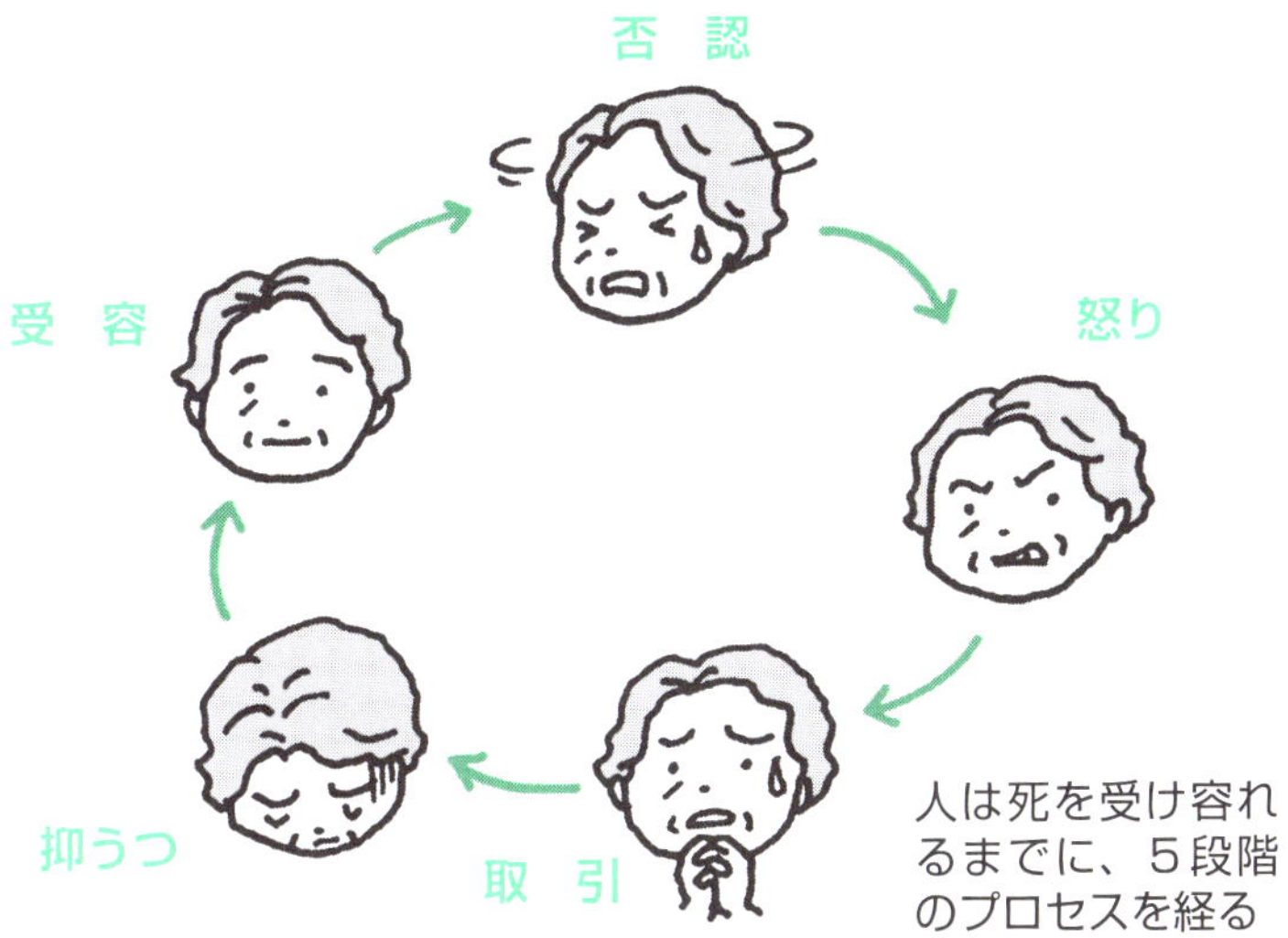

人は死を受け容れるまでに、５段階のプロセスを経る

きた人生を受け容れていくことが大切だとエリクソンは述べています。しかし、人によっては自分の人生を後悔し、絶望の気持ちを抱く場合もあるでしょう。

人生を衰退といったマイナス要因の視点からみるのか、それともそういった要因はあるものの、円熟や英知、智慧、成熟といったプラス要因を含めた視点からみていくのかによって、人生評価はまったく異なってくるでしょう。そうしたプラスの視点から人生の評価ができるかどうかは、「乳児期」から「成人後期」までをどのように生きてきたかということと関係しています。

サクセスフル・エイジングとは？

生涯発達の観点からみると、「**サクセスフル・エイジング**」とは、年齢を重ねるにつれて減少していく社会的・心理的・生物的資源のもとで、喪失を最小限にとどめて獲得を最大にする過程であると、小田は述べています。

もしあなたが、誰かから「今、あなたは幸せですか?」と聞かれたらどう答えますか?

おそらく、「自分は今、幸せなんだろうか?」「生活に満足しているのだろうか?」などと、とっさに考えるのではないでしょうか。つまり、今、いかに充実した日常生活を送っているのか、その生活に自分が満足感を覚えているかという主観的幸福感が問題になるのです。

高齢者は、「昔はよかった」「私が若かったときには○○だった」というように、昔の話をよくします。過去を思い出して語ることを、心理学では「回想する」といいますが、その回想で語られる内容によく耳を傾けてみるといろいろなパターンがあることがわかってきます。

野村・橋本は回想を次の3つに分類しています。

①肯定的な感情や認知をともなう回想
②否定的な感情や認知をともなう回想
③過去の否定的な出来事に対する再評価傾向の回想

その結果、②と③の回想量が多い男性は、今の生活に適応していない傾向があると野村らは述べています。

過ぎ去った昔のことをくよくよと振り返り、ああすればよかった、こうすればよかったと後悔する人の幸福感は高くないといえるわけです。

人生にはつらいこと、苦しいことが誰にでもあります。そうしたことを受け容れて、幸せを感じて生活できることが高齢期をイキイキと過ごしていくうえで大切といえるでしょう。

高齢者の生きがい感尺度

子どもであろうと大人であろうと、充実感を感じながら生活している人は幸せではないでしょうか。

それはもちろん、高齢者であっても例外ではありません。高齢者の方々のイキイキ度合いをチェックする尺度がありますので、ぜひ試してみてください。

「自己実現と意欲」

①自分が向上したと思えることがある

生きがいがあれば人生が輝く

生きがいや趣味は、
人生に充実感を感じる
きっかけになる

②私にはまだやりたいことがある
「生活充実感」
③今の生活に張り合いを感じている
④毎日の生活が充実している
「生きる意識」
⑤まだ死ぬわけにはいかないと思っている
⑥世の中がどうなっていくのかをもっと見ていきたいと思う
「存在感」
⑦私は家族や他人から期待され、頼りにされている
⑧私は世の中や家族のためになることをしていると思う

①から⑧のなかでいくつの項目に○がついたでしょうか。○が多いほどイキイキ度が高いといえます。以上の側面で高齢者の生きがいをとらえることができます。社会において、自分にはやるべきことがあると感じられることが、年代を超えた自分の生きがい感につながっています。

コラム

EQ

言語と数学の能力を中心に測定したものがIQすなわち知能指数であるのに対し、**EQ**は人格的知性の知能指数といわれています。心理学者のゴールマンは、人間が幸福な生活を送るには頭のよし悪しだけではなく、人間性が豊かである必要があることを指摘し、EQ（emotional quotient）、心の知能指数を提起しました。

彼は、よりよい人生を送るには次の5つが大切であると述べています。

①**自分の情動を知る**…自分の本当の感情を自覚し、感情の原因を理解し、対人関係のなかで自分の方向づけを行うこと。

②**感情をコントロールする**…怒りをおさえる、口論や攻撃はあまりしない、イライラをおさえること。

③**自分を動機づける**…目標達成に向かって頑張ること、自分に自信をもつこと、忍耐すること。

④**他人の気持ちをくみ取る**…他人の立場を理解できる、共感できる、相手の話をよく聞けること。

⑤**人間関係をうまく処理する**…仲間意識をもつこと、協調性があること、思いやりがあること。

これからの時代、ただ頭がよいだけではなく、相手の気持ちをくみ取り、人間関係を円滑にするEQの能力がますます必要になっていくのではないでしょうか。

【著者紹介】

小野寺　敦子（おのでら・あつこ）

◉——東京都生まれ。1984年東京都立大学大学院博士課程修了。心理学専攻、心理学博士。現在、目白大学人間学部心理カウンセリング学科教授。専門は発達心理学、人格心理学。

◉——主な著書に、『手にとるように心理学がわかる本』（共著、かんき出版）、『子どもの発達と父親の役割』（共著、ミネルヴァ書房）、『自己心理学②生涯発達心理学へのアプローチ』（共著、金子書房）、『親のメンタルヘルス』（共著、ぎょうせい）などがある。

手《て》にとるように発達心理学《はったつしんりがく》がわかる本《ほん》　〈検印廃止〉

2009年7月21日　第1刷発行
2024年3月25日　第23刷発行

著　者——小野寺　敦子©
発行者——齊藤　龍男
発行所——株式会社かんき出版
東京都千代田区麹町4-1-4西脇ビル　〒102-0083
電話　営業部：03(3262)8011㈹　総務部：03(3262)8015㈹
編集部：03(3262)8012㈹　教育事業部：03(3262)8014㈹
FAX　03(3234)4421　振替　00100-2-62304
http://www.kankidirect.com/

印刷所——大日本印刷株式会社

乱丁本・落丁本は小社にてお取り替えいたします。

ISBN978-4-7612-6619-6 C0011

索　引

あ

愛着（アタッチメント）…… 88
アイデンティティの確立（自我同一性）…… 46
アイデンティティ・ステイタス …… 171
愛のタイプ分類 …… 184
アスペルガー症候群 …… 17
遊び …… 30,116
アニミズム …… 106
アリエス …… 28
アルツハイマー病 …… 220
アルバート坊やの条件づけ実験 …… 108
アンダーコントロール …… 104
安定群 …… 90
アンドロジニー（両性具有性）…… 174
アンビバレント群 …… 90
ＥＱ …… 226
移行現象 …… 101
移行対象 …… 101
いざこざ …… 124
いじめ …… 156
依存意識 …… 186
一次的コントロール …… 209
一次的動因 …… 86
逸話記録法 …… 54
遺伝 …… 36
遺伝説（成熟説）…… 36
戌の日 …… 63
インプリンティング …… 86
ヴィゴツキー …… 114
ＷＩＳＣ－Ⅳ …… 144
ウィニコット …… 50
産声 …… 82
エインズワース …… 90
エゴ・レジリエンス …… 155
エス（イド）…… 44
ＡＤ／ＨＤ（注意欠陥／多動性障害）…… 19
エディプス・コンプレックス …… 44
エリクソン …… 24,46,197
遠城寺式乳幼児分析的発達検査法 …… 55
横断的研究法 …… 55
オーバーコントロール …… 104
帯祝い …… 62

オペラント条件づけ……152
恩物……31

か

カージオイド変換……76
外言……114
外発的動機づけ……151
回避群……90
解離性人格障害（多重人格）201
学習性無力感……154
過食症……188
感覚記憶……218
環境……36
環境閾値説……40
環境説……38
環境優位説……36
観察学習……142
危機……170
規準喃語……83
擬人化表現……120
機能遊び……118
虐待……200
ギャングエイジ……130
ギャンググループ……130
9歳の壁……130
吸てつ反射……73
きょうだい……132
共同注意……110
拒食症……188
極低出生体重児……66
ギリガン……140
ギルフォード……149
緊張性頸反射……73
緊張理論……158
クライン……50
軽度発達障害……13
ゲゼル……36
結晶性知能……217
けんか……125
限局性学習障害（ＳＬＤ）……21
原始反射……72,96
原初的没入……52
行動描写法……54
更年期……206
広汎性発達障害……14
口唇期……42
口唇性格……43
肛門期……42

肛門性格 43
高齢者 214
刻印付け 87
心の傷（トラウマ） 201
心の理論 110
誤信念 112
個性化の過程 192
ゴットシャルト 135
古典的条件づけ 152
ゴルトン 144
コールバーグ 136

さ

サクセスフル・エイジング 223
サーストン 146
錯覚・脱錯覚 52
作動記憶 216
3高 196
三項関係 110
3C 196
ジェネラティヴィティ（世代性） 198,208
ジェンセン 40
ジェンダー 126
自我（エゴ・セルフ） 44
視覚的断崖（ビジュアル・クリフ） 67
自我の芽生え 103
時間的広がり 172
時間的展望 172
思考の発達段階 106
自己実現の過程 192
自己中心語 114
自己中心性 106
自己抑制 104
自然観察法 54
自尊感情 104
児童研究運動 32
児童心理学 24
自動歩行反射 73
シナプス 71
死の受容のプロセス 222
自発運動 72
自閉スペクトラム症 15
社会的学習理論 142
社会的微笑 80

シュテルン 40
種の起源 32
生涯発達 34
象徴遊び 118
衝動的攻撃性 210
初語 84
人生の正午 192
身体発達の８つの基本原理 64
親密性 197
心理検査法 54
心理社会的発達理論 46
心理的離乳 176
スキナー 152
スキャモン 64
スクイグル 52
スクール・カウンセラー 161
スタンレー・ホール 32
ストレンジ・シチュエーション法 90
スピアマン 146
刷り込み 87
性悪説 29,57
性器期 42
正義の倫理 140
成人期の発達段階 195
性善説 56
性役割期待 174
生理的早産 60
生理的微笑 80
生理的欲求 86
積極的関与 170
摂食障害 188
接触の快 87
セリグマン 154
全緘黙 25
選択性緘黙（場面緘黙） 25
潜伏期 42
組織的観察法 54

た

胎芽期 61
胎児期 61
胎児性アルコール症候群（FAS） 92
胎生期 61
第一の個体化 167

第一反抗期 …… 103
第二の個体化 …… 167
第二の個体化の時代 …… 167
第二次性徴 …… 168
多因子説 …… 148
他者へのケアの倫理 …… 140
だっこ …… 52
達成動機 …… 150
田中ビネー知能検査Ｖ …… 144
打撲児症候群 …… 200
短期記憶 …… 218
男根期 …… 42
チェス …… 74
遅延模倣 …… 118
チック障害 …… 25
知的障害 …… 23
知能 …… 144
チャールズ・ダーウィン …… 32
中間子 …… 133
長期記憶 …… 218
超自我（スーパーエゴ） …… 44
超低出生体重児 …… 66
土踏まず（足底弓蓋） …… 98
津守・稲毛式乳幼児精神発達診断法 …… 55
Ｄ群 …… 90
低出生体重児 …… 66
ティーデマン …… 30
ＤＶ（ドメスティックバイオレンス） …… 210
統制理論 …… 158
頭足人間 …… 120
同調作用 …… 185
道徳性発達段階 …… 138,139
独立意識 …… 186
トマス …… 74

な

内言 …… 114
内的ワーキングモデル …… 88
内発的動機づけ …… 150
ナナメの関係 …… 132
喃語 …… 84
２因子説 …… 147
二項関係 …… 110
二次的コントロール …… 209

二次的動因説 …… 86
二次的動因 …… 86
乳児の気質９つのカテゴリー …… 75
認知症 …… 220
脳血管性認知症 …… 221

は

把握反射 …… 62,96
胚期 …… 61
ハヴィガースト …… 48
パヴロフ …… 152
８段階理論（漸成発達理論）…… 46
発達課題 …… 48
発達曲線のタイプ …… 64
発達障害 …… 13
発達心理学 …… 24
発達心理学の父 …… 32
発達的制御の行為位相モデル …… 208
パーテン …… 118
母親語（マザーリーズ）…… 134
バビンスキー反射（足底反射）…… 62
パラサイトシングル …… 166
バルテス …… 34,199
ハーロー …… 87
バンデューラ …… 136,142
ピアジェ …… 24,106,114
非機能性 …… 210
ピグマリオン効果 …… 154
非挑発性 …… 210
ひとり遊び …… 118
ひとりごと …… 114
ひとりっ子 …… 134
ビネー …… 144
ファンツ …… 66
輻輳説 …… 40
ふたご（双生児）…… 135
二人きょうだい …… 132
不登校 …… 160
プライヤー …… 32
ふり …… 118
ブリッジス …… 78
フレーベル …… 30
フロイト …… 42,136

分離・個体化過程 50,53
並行遊び 118
ヘックハウゼン 208
ベビーシェマ 77
傍観者的遊び 118
ボウルビィ 88
ポスト青年期 167
ほどよい母親 52
ホリングワース 176

ま

マーシャ 170
マーラー 50
マレー 152
未熟児 66
見立て遊び（ふり遊び） 111
無意識 45
目と手の協応 96
妄想－分裂的態勢 51
物の保存の概念 106
モロー反射 73

や

ユング 192
幼児音（不正構音） 83
幼児語 83
幼稚園 30
抑うつ的形態 51

ら

リー 184
リビドー 42
離巣性 60
ルイス 78
ルクセンブルガーの図 40
ルソー 29
ルーティング反射 73
ルビン 184
ルール遊び 118
留巣性 60
流動性知能 216
レヴィンソン 194

連合遊び 118
ローレンツ 77,86

わ

ワトソン 38,108

付録

発達のつまずき

近年、発達障害という言葉をよく耳にするようになってきました。ここでは、さまざまな発達障害の症状や原因、支援方法をご紹介します。

発達障害とはなんだろう？

発達障害は、性格やしつけが原因ではない

スーパーの店内を走りまわったり、じっと静かに人の話を聞くことができなくていつも先生に叱られている子どもたち。そうした子どもたちは昔もいましたが、近年ではさらに増えてきています。

じつは、かつては「親がしつけをしっかりしないから」と、親が責められることがほとんどでした。しかし、最近になって、こうした子どもたちの行動はしつけの不十分さからくるものではなく、脳の機能に問題があることがわかってきました。

障害といっても、目に見える身体的機能の障害ではないため、その行動の特徴からどのような発達障害であるのかを見極めることが難しいのが現状です。そのため、教育現場ではいろいろな方法をとりながら、試行錯誤を重ねてこうした子どもたちに対応しようとしています。

発達障害の子どもを支援する基本的な考え方は右のようになっています。

発達障害については「**軽度発達障害**」と記述される書籍も多くみられましたが、この軽度とは、問題がそれほど問題ではないととらえられることもあり、その意味する範囲が明確でないため、「発達障害」と表記するように、平成19年３月に文部科学省から発表されています。

とても増えている問題だから、
正しく知っておこう

発達障害を正しく理解しよう

本人のわがままや努力
不足のせいではない

早期からの適切な
教育が重要である

先生の指導力不足の
問題ではない

家庭での育て方や
しつけのせいではない

まわりだけでなく、
本当は本人が
一番困っている

原因として何らかの
中枢神経の機能不全
が推定される

自閉スペクトラム症（ASD）

かつて自閉症に対しては、「自閉」という言葉から「自らが心を閉ざしている病気」というイメージをもつ人が多くいました。親の育て方の悪さが原因で、子どもが心を閉ざしている状態が自閉症と考えられてきたのです。

しかし近年では、親の養育態度が原因ではなく、脳の機能障害に原因があることが明らかになっています。

アメリカで長く使われてきたDSM－Ⅳ（Diagnostic and Statistical Manual of Mental Disorders）「精神疾患の診断・統計マニュアル」の診断基準では、自閉症は、

①社交性の欠如

②コミュニケーション障害

③想像力およびそれに基づく行動の障害

とされ、ウィングの三《み》つ組《ぐみ》障害と呼ばれてきました。ところが2013年、アメリカではDSMが改訂されDSM-5（第5版）が発表されました。それに合わせて日本でも2014年にDSM-5が翻訳・出版され、発達障害についてもいくつかの大きな変更がなされました。まず、発達障害は「神経発達症群 / 神経発達障害群（Neurodevelopmental Disorders）」のカテゴリーに入り、アスペルガー症候群 という診断名は用いられなくなり、自閉スペクトラム症（ASD=Autism Spectrum Disorder）の中に含まれることになりま

自閉スペクトラム症の赤ちゃんは、抱っこされるのを嫌がったり、人見知りをしなかったり、あやしても反応しないという症状がみられたりするよ

自閉スペクトラム症
よくみられる特徴

自己刺激的行動をする
・手をヒラヒラさせて走り回る
・自分でぐるぐる回る
・つま先立ち歩きをする

反復的な行動が好き
・上半身を前後にゆすったりする

こだわりがある
・ものを置く位置、歩く道順、着替えの手順、日課やスケジュールなど、決まったやり方にこだわる。それが変わると不安や抵抗を示す
・ミニカーやブロックなどを一列に並べたりするのが好き。回るものや模様、マークを好む

対人関係を築けない
・人と視線を合わせない
・周囲の人と共感的な関係を築くのが困難
・友達の気持ちを理解できず、友達と協調して遊ぶことができない
・ごっこ遊びが苦手

言葉の発達の遅れ
・なかには一生話さない人もいる
・話せるようになっても尻上がりの特有のイントネーションがあったりする

奇妙な話し方をする
・反響言語（エコラリア）（オーム返し）「お名前は？」『オナマエハ？』
・単調で助詞が入らない

具体的な支援方法

視覚的に支援をする
・耳よりも目から入ってくる情報が理解しやすいため、絵や写真を使って手順を示す
・学校での1日の生活を絵で示す
・持ち物に自分用のシールを貼って、ひと目でわかるようにする

終わりを告げる
・こだわりが強いので、何度やったら終わりにしましょうと具体的な回数を示す

突然、いつもと違うことが起こると不安になる（例：火災訓練）
・あらかじめスケジュールが変更されることを伝える（火災訓練があることを本人には知らせておく）

伝えたい情報だけに絞って話す
・「大事なことを2つ話します」…と前置きをしてから話す。「ひとつ目は…ふたつ目は…」と具体的に示す

具体的な行動を示す
×「廊下を走ってはいけません」
○「廊下は歩きます」

した。また自閉スペクトラム症では、それまでの3つの特徴が下記の2つの特徴に統合されました。

DSM- 5による自閉スペクトラム症の2つの特徴

①社会的コミュニケーションおよび対人的相互反応における持続的欠陥
②行動・興味、または活動の限定された反復的様式

自閉スペクトラム症の「スペクトラム」という意味は、ラテン語に起源をもつ用語で「連続体」という意味です。スペクトラムの概念から自閉スペクトラム症の子どもたちを見た場合、「非常に知的に遅れている」から「遅れがない」子どもたちが存在することになります。2013年までは知的に遅れはないものの、対人関係に問題がある子どもたちのことを「アスペルガー症候群」と呼んできました。

アスペルガー症候群の歴史

1943年にアメリカ人で児童精神科医のカナーは「早期幼児自閉症」とよばれる症例を発表しました。その翌年の1944年、オーストリア人の小児科医ハンス・アスペルガーも、まったく偶然にカナーが提起した症例と似た子どもについて、自閉という言葉を使った論文「小児期の自閉症精神病質」を発表しました。

この論文で報告されている子どもたちは「典型的な自閉症」という多くの類似点はあったのですが、言語によるコミュニケーション能力や知的能力が高いことが特徴でした。その後、1980年代に入ってから再びアスペルガーの名前が注目されるようになり、それを契機に知能が比較的高い自閉症のことを「アスペルガー症候群」の用語で説明する動きが出てきたのです。

たとえば、その場にそぐわない発言や行動をしてしまい、友人関係がうまく築けないという子どもたちがアスペルガー症候群と分類されてきていたのです。転校してしまうクラスメートの送別会で、別れがさびしくてみんなが泣いてしまっているのに、なぜ、泣いているのかその状況を理解できなかったり、体格のよい女の子に、面と向かって「太っているんだね」と言って相手を傷つけてしまったりすることが、この特性の子どもにはよく見受けられます。

ASD傾向のある子どもは、1歳ぐらいのときまで、愛着行動の発現が乏しい（あやしても笑わない）、音や光に敏感、奇妙な指先の動きをする、喃語が少ない、睡眠のリズム障害があるといった特徴を示すことが多くあります。また、1～3歳の頃になると、他の子どもに無関心で、ひとり遊びが好きだったり、好きなものへのこだわりがみられます。また、大きな音や光などに敏感です。

できるだけ早期に子どもの特徴に気づいて、よい治療や支援につなげていくことが大切です。

大人の発達障害

最近、大人の発達障害が問題になっています。幼少期に発達障害の特徴が出現していたにもかかわらず、周囲に気づかれずに治療や支援を受けずに大人になってしまった人たちです。

大切な書類をカフェなどに置き忘れたり、約束をすっぽかす傾向は「注意欠如障害」の特徴、営業先で先方に失礼な発言をしてしまったりする傾向は「自閉スペクトラム症（かつてのアスペルガー症）」の特徴です。人柄には問題はないのですが、提出書類に誤字・脱字が多い場合は、「限局性学習障害」の傾向が疑われます。

社内では、ちょっと変わった人物という評価を受け、上司から叱責されることも多いために、仕事に自信を失い、抑うつ状態に陥る場合も少なくありません。職場の人たちには、そうした特徴を理解し、暖かく適切な支援をしていくことが求められます。

ＡＤ／ＨＤ（注意欠陥／多動性障害）

昔から、低学年のクラスでは授業中にじっと座っていることができず、イスをガタガタさせたり、何度注意されても友達と騒いでしまう子どもがいませんでしたか？

1980年以降、学習や遊びの活動において注意を持続させて作業をすることができない、手足をそわそわと動かし、静かに座席に座っていることができない、友達と遊んでいても順番を待てずに邪魔をしてしまう…といった行動をとる子どものことをAttention Deficit/Hyperactivity Disorderの頭文字をとっている**ＡＤ／ＨＤ**、日本語では注意欠陥／多動性障害とよんでいます。

日本で1996年に厚生省（現厚生労働省）が実施した調査では、子どもの7.8％にＡＤ／ＨＤの疑いがある傾向がみられたと報告されています。

ＡＤ／ＨＤは、脳の神経生理学上、ドーパミンやセロトニンなどの脳内神経伝達物質の分泌に問題があるために起きるのではないかと考えられています。

たとえばＡＤ／ＨＤの子どもの脳波は、その年齢の他の子どもと比較して未熟で不規則な波形をしていることが明らかになっています。またＡＤ／ＨＤは女子よりも男子に多く、その比率は学童を対象とした疫学的研究では1対4であるという数字があります。

こうした子どもたちは授業に集中できないことが多いため、学業成績がふるわなかったり、親や先生から叱られることも多くなります。人間関係が上手に築けない場合も多く、いじめの対象になりやすいのも特徴です。

AD/HD
よくみられる特徴

不注意
注意をして集中したり、興味をもってひとつのことを続けることが難しい。忘れ物が多く、ミスが多い

多動性
授業中立ち歩くタイプと、手足をモジモジさせ、きょろきょろしたり、椅子からずり落ちてしまったりするタイプがある

衝動性
順番が待てない。じっと我慢したりができない。いつも一番でないと気がすまない…など、社会的ルールを守れない

具体的な支援方法

注目させるきっかけをつくる
・座席を先生が声がけしやすい最前列にする
・色チョークやマグネット、指し棒などを使って注目させる
・「さあ、大事なことを言いますからね」と注意を喚起する

目に見えるものをつくってルールを根づかせる
・忘れ物を防ぐため、チェック表をつくり、それにチェックして確認する
・園や学校でのやることの手順がわかるよう、掃除手順表をつくる
・幼稚園にきたらやることを、絵に描いて提示する

集中する時間を設定する
・「では、5分は座っていようね」と集中できる時間を徐々に増やしていく
・学校や園に来る前に、十分体を動かしてから来る（授業に集中しやすくなることがある）

多動性の子どもに対する態度
・椅子をガタガタさせる子どもに対して「ちゃんと座っていてえらいぞ」とほめる
・集会などでじっとしていられない場合、スケジュールをわかりやすく示し、安心感をもたせる

衝動性（パニック）に対する態度
・興奮しはじめたら、「静かにしようね」と冷静に声をかけて様子をみる
・声がけでおさまらない場合は別室に連れ出して落ち着くまで待つ
そのときは大人が付き添い、気持ちをよく聞いてあげる

限局性学習障害（SLD）

全般的な知的発達に遅れはないのですが、読む、書く、聞く、話す、計算する、推論するといった能力のうち、特定の能力の習得と活用に著しい困難を示す状態のことを**限局性学習障害**（Specific Learning Disabilities）といいます。

幼児期は学習する機会が少ないため、ＳＬＤであることを親も気がつかない場合が多いのですが、小学校に入って本格的な勉強が始まると、学習のつまずきが顕著になってきます。

このＳＬＤという概念は1962年にアメリカ人のカークとベイトマンによって提唱されました。日本では1960～70年代まではこうした傾向を示し学業につまずくことを、学業不振とか落ちこぼれといってきましたが、80年代の後半からようやく学習障害という言葉が定着してきました。原因は、先天的な発達障害であり中枢神経系の機能障害であると推定されています。

限局性学習障害の種類

①**ディスレクシア（読字障害）**：文字を読む能力に障害があり、よく似た文字が理解できない、文章を読んでいると、どこを読んでいるのかわからなくなる、字を読むと頭痛がしてくる、逆さに読んでしまう、読んでも内容が理解できないなどの症状がある。

②**ディスグラフィア（書字障害）**：文字を書くことに困難を示す。黒板の文字を書き写すのが難しかったり、鏡文字を書いてしまったり、作文が書けない、読点が理解できないなどの症状がある。

③**ディスカリキュア（算数障害）**：数字や記号を理解･認識できない、簡単な計算ができない（指を使わなければできない）、繰り上がりや繰り下がりが理解できない、数の大小の理解が困難などの症状がある。

限局性学習障害(SLD)
よくみられる特徴

聴覚機能は正常なのに聞いて理解すること(聴覚認知)が苦手
- 一生懸命聞いているのに内容が理解できない
- 言葉の指示が伝わらない
- 聞き違いをして皆と違う行動をとる
- いくつかの用事を頼んでもそれをこなせない
- 何度も同じことを聞き返す

視覚障害はないのに、見て理解することが苦手
- 教科書の文字が追えない
- 文字や行を飛ばし読みする
- 漢字を書くと線が足りなかったり多かったりする
- 文の意味がとらえられない
- 「ぬ」と「め」など、形が似ている字を間違える

空間認知が困難である
- 鏡文字を書く
- 筆算の桁がずれる
- 図形の学習が苦手
- 迷子になりやすい
- 地図の見方がわからない
- 前後左右が即座にわからない
- ロッカーの位置が覚えられない

具体的な支援方法

漢字を書くのが苦手なとき
- 図形の模写を家庭でたくさん練習してみる
- 補助線を入れた枠のなかに書く練習をしていく

読むのが苦手なとき
- 行を飛ばし読みする子どもには、読みやすくする工夫が必要。マーカーで色をつけたり、窓を開けたシートをスライドさせながら読む

作文を書くのが苦手なとき
- 5W1H(いつ、どこで、だれが、誰と、何をした、どうして、どんな気持ち)がわかるカードを見て、カードで確認しながら短文を書いて文章をつくっていく

計算が苦手なとき
- 計算の手順を言葉で表現しながら、手順に従って計算する
- 式を書く

九九が覚えられない
- 耳で理解するのが得意な子どもは、「ににんがし、にさんがろく」と声に出して覚えさせる
- 視覚的に覚えるのが得意な子どもには、段ごとに色を変えた九九表をつくって視覚的 に見せる

その他の気になる子どもたち

知的障害（精神遅滞）

1998年以降、日本で使われている「**知的障害**」という用語は、かつては法律的に「精神薄弱」、学術的には「精神遅滞」「精神発達遅滞」という用語で説明されてきたものです。この知的障害（精神遅滞）は、アメリカ精神遅滞協会の定義によれば、①知的機能が明らかに平均以下（IQが70またはそれ以下）であり、②同時に、現在の適応機能領域（コミュニケーション、身辺処理、自己管理、家庭生活、社会的/対人的技能、地域社会資源の利用、自律性、学習能力、仕事、余暇、健康、安全）で２つ以上の欠陥または不全がある、③発症が18歳以前である、と説明されています。

さらにそのレベルは次の４つに分類されています。

軽度…IQ50～55からおよそ70で日常生活には支障がない程度の思考力をもつ

中度…IQ35～40から50～55で他人の助けを借りれば身辺の事柄を行え、簡単な会話ができる

重度…IQ20～25から35～40で言葉の簡単なものしか理解できないで、家の簡単な手伝いはできる

最重度…IQ20～25以下で介助が必要となる。社会活動は行えない

こうした子どもたちの知的発達をうながしていくためには早期発見・早期療育が必要になります。

言葉の遅れ

1歳前後になると子どもは意味のあることを話すようになるのですが、一向に話しはじめないと、親は心配になってきます。そうした言葉の遅れの原因として次のようなことが疑われます。

①聴力に障害がある　②知的発達の遅れがある　③自閉スペクトラム症　④コミュニケーション障害

④のコミュニケーション障害とは、脳や聴覚器官などに異常はないが、言語能力が年齢相応に達していない障害のことをいいます。このコミュニケーション障害には、表出性言語障害、受容・表出混合性言語障害、音韻障害、吃音症の4つがあります。しかし、原因は明らかになっていません。

表出性言語障害…言葉を聴いて理解する能力はあるが、自分で言葉を話す力が弱い障害。著しく語彙に乏しい。時制に誤りがある。単語を思い出せない。簡単な文章をつくれない。
受容・表出混合性言語障害…言葉を聴いて理解する能力に問題をもつ障害。自分の名前などを呼ばれても反応が弱いため、難聴と勘違いする場合があるようなので注意が必要。広汎性発達障害の基準を満たさない。
音韻障害（発達性構音障害）…子音の脱落、音声の歪曲・置換・省略・転倒などが生じる障害。発音が年齢相応にできないために、同じ年齢の子どもよりも幼い話し方に聞こえてしまう。
音韻障害は一般的に自然に治るといわれている。
吃音症…かつて「どもり」ともよばれた症状。語音の反復・音声のつまり・延びた発音などの症状で、2～5歳の男の子にみられることが多い。早期発見が大切。

こうした言葉の障害については言語療法士による適切な言語訓練が必要です。

緘黙《かんもく》（mutism）

家では普通に話しているのに、幼稚園や小学校では一日中、黙って話をしないという子どもがいます。このように、子どもがある特定の場面でのみ口をきかないことを**選択性緘黙**（**場面緘黙**）といい、生活のすべての場面で口をきかないことを**全緘黙**といいます。

子どもの緘黙は何らかの心理的原因があると考えられます。子ども自身が、内向的で神経質である場合や親が非常に厳しく威圧的なしつけを行う場合などにあらわれやすいようです。なるべく子どもに緊張感を与えないような環境を整備していくように親は心がける必要があります。

チック障害

チックとは、突然くり返し起こる運動や発声をいいます。たとえば、目を開けたり・閉じたり、肩すくめ、瞬き、咳払い、舌打ち、喉を鳴らすなどさまざまな症状が無意識のうちに起きています。

チック障害は4～11歳の男の子に発症しやすく、心理的なストレス・緊張・不安感などが高まると起こりやすいようです。しかしチック障害のひとつであるトウレット障害とは、チック症状が主にあらわれる神経の病気です。

発達障害のパターン（山崎による）

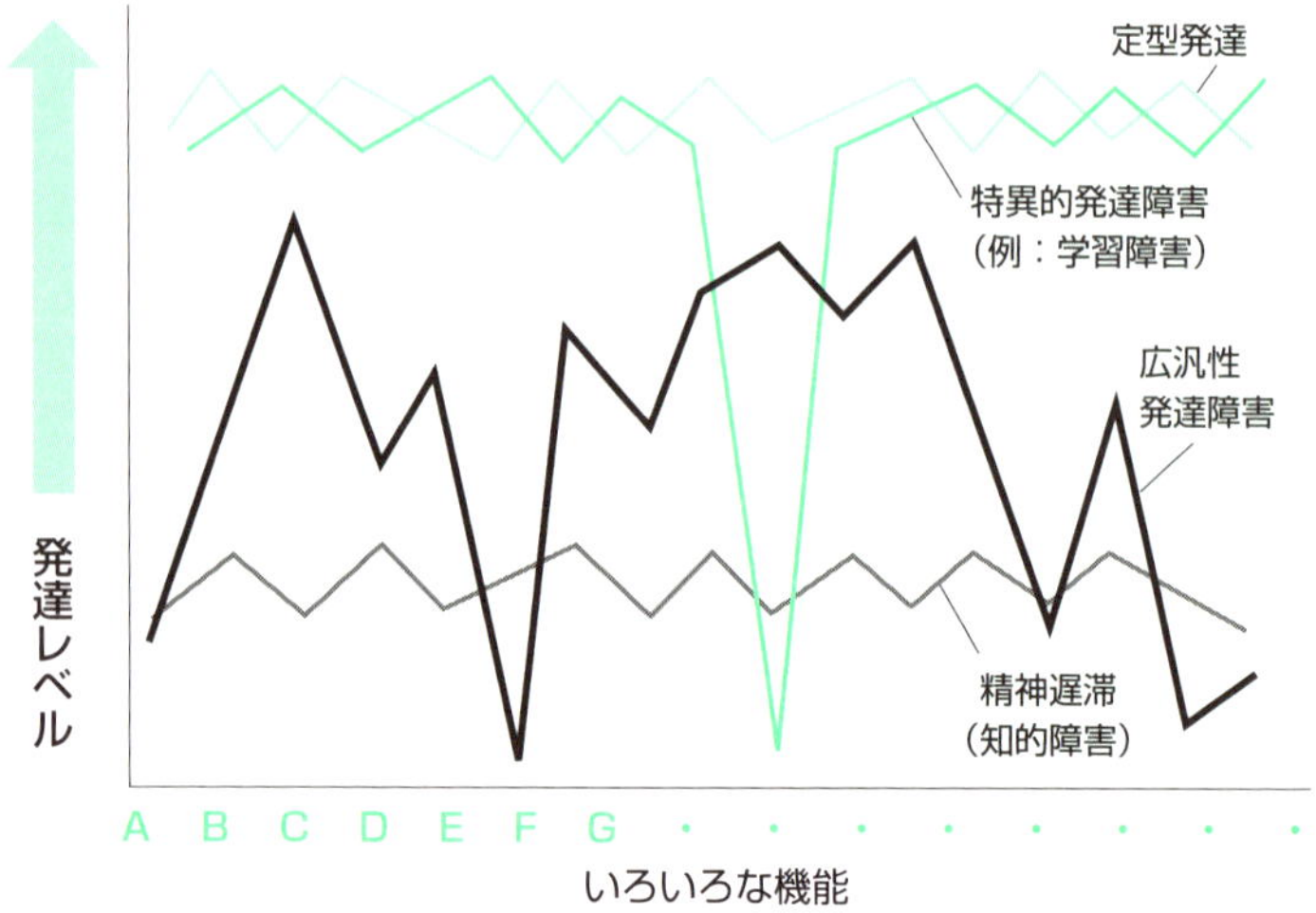

現在、発達障害児のことが教育現場で大きな問題となっており、特別支援教育も2007年度よりスタートしました。上記に示した山崎の発達障害のパターン図は、これらの障害の特徴が非常にわかりやすく整理されています。親、そして教育現場に関わる者は、それぞれの発達障害の特徴をよく理解したうえで、こうした子どもへ温かい支援を行っていく必要があります。